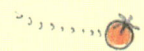

향긋한 책장 05
꽃님이네 코딱지 밭
놀면서 탄소 중립 텃밭 가꾸기

초판 1쇄 발행 2024년 4월 11일
지은이 김지선 ‖ 그린이 장경혜 ‖ 편집 최은영 ‖ 디자인 Studio Marzan 김성미
펴낸이 송영민 ‖ 펴낸곳 시금치 ‖ 주소 대한민국 서울시 마포구 잔다리로 7길 18, 502호 ‖ 전화 02-725-9401
전송 0303-0959-9403 ‖ 전자우편 greenpubbook@daum.net ‖ 출판신고 제2019-000104호
사용연령 8세 이상 ‖ ISBN 979-11-93086-08-7 (74800) ‖ ISBN 978-89-92371-79-7 (세트)

ⓒ 김지선, 장경혜 2024

* 이 책은 저작권법에 따라 한국 내에서 보호받는 저작물이므로 무단 전재 및 복제를 금합니다.
  이 책의 내용 전부 또는 일부를 이용하려면 반드시 저작권자와 시금치 출판사의 서면 동의를 받아야 합니다.
* KC마크는 이 제품이 공통안전기준에 적합하였음을 의미합니다.
* 잘못된 책은 구입하신 서점에서 바꾸어 드립니다.   * 값은 뒤표지에 있습니다.

아이와 어른 모두를 위한 책장 '향긋한 책장'은 한국의 창작자들이 전하는 향기 나는 책들로 채워집니다.

놀면서 탄소 중립 텃밭 가꾸기
꽃님이네 코딱지 밭

김지선 지음 •• 장경혜 그림

시금치

신기한 밭 이야기를 시작하며

　아이를 임신한 그해에 텃밭 농사를 시작했습니다. 아이에게 밭은 재미있는 놀이터였어요. 엄마 아빠가 일하는 동안 흙장난을 하고, 꽃을 꺾고, 아무 풀이나 뽑아서 입으로 가져가기도 했지요. 조금 더 자라서는 달팽이, 지렁이, 무당벌레, 나비를 쫓아다녔지요.
　헤아려 보니 우리 가족은 10여 년 정도 텃밭 농사를 지었어요. 텃밭 덕분에 아이가 무탈하고 건강하게 자란 것 같아요.
　10여 년 경험이라면 농사를 잘 지을 것 같지만, 사실 일에는 여전히 서툴러요. 그래도 아이랑 텃밭에서 보낸 소중한 경험을 글로 써 보고 싶었어요. 내 손으로 건강한 먹거리를 키우는 보람과 밭을 일구는 행복을 전하고 싶었거든요.
　주말농장에 가 보면 자그마한 텃밭을 가꿀 때조차 검은 비닐을 깔고, 비료를 쏟아붓고, 농약까지 쓰는 광경을 종종 접하게 됩니다. 그런데 이렇게 농사를 지으면 흙과 식물이 점점 쇠약해진다는 걸 알게 되었어요. 우리 가족도 처음에는 그런 모습이 당연한 줄 알고 그대로 따라 했지만, 점차 자연의 순리대로 농사를 짓는 게 가장 좋다는 생각으로 바뀌었습니다. 그러자 밭의 풍경이 완전히 달라졌습니다. 들풀도 곤충도 함께하는, 살아 있는 밭으로 바뀌었습니다. 땅이 숨 쉬고 작물은 더욱 튼튼하게 자랐습니다.

자연과 환경을 살리는 농사는 결국 우리 자신을 위한 일입니다. 이 책을 통해 자연을 거스르지 않고, 자연을 통해 배우는 건강한 텃밭 농사를 만나 보세요. 농사에 대한 여러 이야기가 독자 여러분께 4월의 새싹처럼 싱그럽고, 5월의 상추처럼 활기차고, 8월의 호박처럼 탱글탱글하고, 10월의 무 배추처럼 알차게 다가가기를 바랍니다.

이 책이 나오기까지 고마운 분들이 참 많습니다. 텃밭 농사 경험을 깊이 공감해 주신 시금치 대표님, 한 땀 한 땀 정성껏 책을 만들어 주신 최은영 편집자와 김성미 디자이너, 밭의 사계절을 온전히 표현해 주신 장경혜 화가, 그리고 늘 응원과 용기를 보내 주시는 김민경 작가에게 마음 깊이 감사합니다. 마지막으로 밭일할 때 땀을 함께 흘린 가족과 동네 친구 현미에게도 고마움을 전합니다. 다 덕분입니다.

차례

신기한 밭 이야기를 시작하며 ·· 4
맙소사, 무슨 농사야? ·· 8

봄은 씨앗
1. 밭갈이는 농사의 시작 ·· 16
2. 씨, 씨, 씨뿌리기 ·· 24
3. 쑥쑥 자라는 새싹 ·· 33
4. 고구마를 심어요 ·· 42
5. 나누고 퍼 주어도 괜찮아! ·· 48
6. 토마토 순을 따 줘요 ·· 56

여름은 축제
1. 잡초 혹은 들풀 ·· 64
2. 도대체 언제 자라는 걸까? ·· 73
3. 호박을 위하여 ·· 81
4. 땡볕과 장마를 견디고 ·· 89
5. 정글이야, 밭이야? ·· 95

가을은 마무리
1. 여름풀아, 이제 안녕! ·· 104
2. 배추 농사 무 농사 ·· 111
3. 마지막 쌈 파티 ·· 117
4. 갑자기 추워졌어요 ·· 126
5. 고구마를 캐요 ·· 133

겨울은 기다림
1. 김장하는 날 ·· 142
2. 쉿, 쉬는 시간이에요 ·· 151
3. 집에서 짓는 겨울 농사 ·· 157
4. 대왕 코딱지 밭에서 ·· 164

다시 봄 ·· 171

맙소사, 무슨 농사야?

"우리 농사짓자, 올해부터."

일요일 아침, 꽃님이 아빠가 식탁을 차리면서 불쑥 한마디 던졌습니다. 꽃님이네 집에서 주말 식사 당번은 주로 아빠입니다. 아빠는 주중에는 흰 와이셔츠에 넥타이를 매고 머리카락에 헤어 젤까지 바른 후 은행에 출근하지만, 주말에는 헐렁한 티셔츠에 무릎 나온 추리닝 바지를 즐겨 입습니다. 오늘 아빠는 주말 의상 위에 줄무늬 앞치마까지 차려입었습니다.

"농사짓자! 응?"

쐐기를 박듯이 반복하는 아빠의 말투는 누가 나서서 말린다 해도 아무 소용이 없을 것처럼 고집스러웠습니다. 작년 가을께부터 틈만 나면 농사에 관한 책을 들여다보더니 결심을 굳힌 모양입니다.

식탁 의자에 앉아 심드렁한 표정으로 콧속을 후비던 꽃님이가 깜짝 놀랐습니다.

"엥? 농사?"

꽃님이 옆자리에 앉아서 사과를 깎던 꽃님이 엄마의 눈도 휘둥그레졌습니다.

"맙소사, 무슨 농사야? 다니는 회사는 어떻게 하고? 설마 관둔 거야? 혹시 잘렸어?"

엄마가 속사포처럼 쏘아붙이자 아빠가 기다렸다는 듯 대답했습니다.

"걱정 마, 회사는 관두지도 잘리지도 않았어. 계속 다닐 거야. 농사는 주말에 지을 거고."

엄마가 "휴" 하고 한숨을 내쉬었습니다. 엄마는 꽃님이를 낳기 전까지는 아빠와 같은 직장에 다녔습니다. 그런데 꽃님이가 엄마 배 속에서 열 달을 다 채우지 못하고, 아홉 달 만에 세상에 나오는 바람에 직장을 그만둘 수밖에 없었습니다. 남들보다 조금 일찍 태어난 꽃님이가 갓난아기 때부터 병치레를 많이 했기 때문입니다. 꽃님이는 점차 건강해졌지만, 유치원 때부터 안경을 써야 했고, 지금도 또래보다 몸집이 조그마합니다.

엄마가 꽃님이 앞으로 사과 접시를 내밀며 구시렁대듯 말했습니다.

"그러니까 주말농장을 하겠다고? 주말이나 쉬는 날에만 농사짓는다고 해도 그게 말처럼 쉽나? 괜히 힘든 일 만드는 거 아냐?"

꽃님이가 냉큼 사과 한 쪽을 집어 먹고 나서 거실 탁자에 둔 휴대 전화를 가져왔습니다. 일주일 전에 4학년이 된 꽃님이는 학교 공부는 고만조만하지만, 궁금한 것이 생기면 바로 인터넷에 검색을 해 볼 정도로 호기심이 많았습니다.

꽃님이는 휴대 전화로 검색창을 열어 '농사'를 재빠르게 검색해 보았습니다. 농사용품을 파는 가게를 선전하는 링크도 있고, 귀농과 관련한 사이트도 떴습니다. 그 밑에 농사짓는 사진들이 올라와 있는데, 흙에서 자란 탐스러운 가지와 호박 같은 게 보입니다. 더 아래로 내려가 보니 국어사전에 '농사'의 뜻이 나와 있습니다. 농사란 '곡식이나 과일, 채소 등 먹거리를 땅에 심어서 기르고 거두는 일'이라고 합니다.

꽃님이가 아빠를 올려다보며 물었습니다.

"근데, 아빠....... 농사지으려면 땅이 있어야 하잖아요? 우린 땅도 없는데요?"

아빠가 시래기 된장국을 식탁에 놓으며 느긋하게 대답했습니다. 구수한 시래기 된장국은 꽃님이가 가장 좋아하는 국입니다.

"땅은 빌리면 돼. 오늘은 땅부터 보러 가자. 꽃님이도 같이 갈래?"

꽃님이가 재빨리 대답했습니다.

"네! 좋아요."

엄마는 무슨 말을 하려다가 무척 신나 보이는 꽃님이 얼굴을 보고는 입을 다물었습니다. 대신 입술을 살짝 삐죽이며 고개를 절레절레 흔들었습니다.

아침 식사를 마친 후 꽃님이네 식구들은 자동차를 탔습니다. 아파트 단지를 벗어나서 외곽 쪽으로 15분쯤 달리다 보니 거무스름한 들판이 보였습니다.

세 사람은 커다란 양버즘나무 아래에서 내렸습니다. 3월 초라서 그런지 맵싸한 바람이 들판 위로 불어왔습니다. 찢어진 검은 비닐과 지푸라기 따위가 날아와 눈앞이 어지럽습니다. 엄마는 꽃님이의 목도리를 단단하게 여며 주었습니다. 아빠가 두리번거리면서 말했습니다.

"여기 어디에 플래카드가 있었는데?"

모자와 목도리로 얼굴이 칭칭 감겨 두 눈만 빼꼼 내놓은 꽃님이가 손가락으로 밭둑 오른편에 자리한 검은 천막을 가리켰습니다.

"저기에 뭐가 보이는데요?"

아빠가 검은 천막으로 성큼성큼 걸어가더니 떨어진 플래카드를 주웠습니다.

"맞네, 맞아. 바람이 많이 불어서 플래카드가 떨어졌나 봐."

아빠가 구겨진 플래카드를 펼쳐 놓으니 '주말농장 분양'이라고 고딕체로 쓰인 글씨와 농장 주인의 전화번호가 보였습니다. 아빠는 곧바로 휴대 전화를 꺼내 숫자판을 꾹꾹꾹 눌렀습니다.

"여보세요? 네, 주말농장 분양받고 싶어서 전화 드렸어요. 아, 지금 두 고랑밖에 안 남았다고요? 그러면 지금 땅을 좀 볼 수 있을까요?"

꽃님이와 엄마는 싸늘한 들판 바람을 피해 검은 천막 안으로 들어섰습니다. 천막 안에는 쇠스랑, 삽, 호미 따위 농기구가 삐뚜름하게 놓여 있습니다. 주둥이가 길쭉하게 나온 파란색 플라스틱 물뿌리개도 여러 개 보였습니다. 통화를 마친 아빠가 천막 안에 들어와서 농기구들을 살펴보며 말했습니다.

"이야, 농기구가 다 있네. 새로 안 사도 되겠어."

엄마가 팔짱을 끼고 몸을 움츠린 채 아빠에게 말했습니다.

"그런데 당신, 농사를 지어 보긴 했어? 중학교 때부터 쭉 도시에서 살았다면서? 그냥 아무나 지을 수 있는 거야?"

아빠가 씩 웃으면서 말했습니다.

"농사는 안 지어 봤지만 어릴 때 농촌에서 자랐잖아? 또, 모르는 건 공부하면 되지."

"에휴, 농사는 당신이 알아서 하고, 나는 마음 내킬 때만 따라올 거야. 요즘 일거리도 많이 들어와서 바빠. 그나저나 웬 바람이 이렇게 세게 불어?"

엄마가 찬 바람 부는 휑한 들판을 쳐다보며 아빠를 타박하듯이 말했습니다. 엄마는 작년부터 번역 일을 하고 있는데, 시간과 노력을 많이 들여야 하는 일이지만 보수는 많지 않다며 투덜대곤 했습니다. 아빠가 구부정한 자세로 엄마와 꽃님이를 번갈아 바라보았습니다.

"알았어요, 알았어. 그래도 우리 공주님은 아빠 따라서 같이 올 거지?"

꽃님이는 집을 벗어나서 바람 쐬러 가는 걸 언제나 좋아했습니다. 그래서 냉큼 대답했습니다.

"응, 아빠. 왠지 재미있을 것 같아, 농사."

봄은 씨앗

1. 밭갈이는 농사의 시작

4월 3일, 흐린 날씨, 영상 10도

요 며칠 날씨가 좋았는데 아직은 꽃샘추위가 물러나지 않았나 봅니다. 아빠는 바람막이 점퍼를 걸치고 자동차에 시동을 걸었습니다. 뒷자리 꽃님이는 두툼한 파카를 걸쳐 입고도 몸을 움츠렸습니다.

엄마는 몸살 기운도 있고 밀린 일도 많아서 밭에 못 간다고 했습니다. 할 수 없이 꽃님이와 아빠만 밭에 왔습니다.

꽃님이가 아빠에게 말했습니다.

"여기가 우리 밭이에요?"

아빠가 웃음 띤 얼굴로 고개를 끄덕였습니다. 꽃님이네는 지난 3월에 열 평 남짓한 밭을 빌렸습니다. 농기구를 보관하는 천막 바로 옆에 있는 가장자리 땅입니다. 밭에는 검은 비닐이 찢긴 채로 바람에 날리고 있었습니다.

"작년에 농사지은 사람이 검은 비닐을 사용한 모양이네? 비닐을 씌

우면 잡초는 자라지 않겠지만……. 흙도 숨을 쉬어야 식물이 더 건강하게 자라지 않을까? 환경에도 좋지 않을 테고 말이야."

아빠는 구시렁대면서 밭을 돌아다니며 검은 비닐을 거두었습니다. 꽃님이도 아빠를 도와서 검은 비닐을 찾아 나섰습니다. 어떤 비닐은 흙 속에 깊이 묻혔는지 한참을 애써도 빠지지 않았습니다.

"아빠, 이리 좀 와 봐요. 비닐 힘이 너무 세요."

아빠가 다가와서 꽃님이와 힘을 합쳐 검은 비닐을 꺼냈습니다. 둘은 찢어진 검은 비닐을 한군데 모아서 쓰레기통에 버렸습니다. 아빠는 천막 안을 살피고는 여러 가지 농기구 중에서 삽을 골라잡았습니다. 꽃님이에게는 손에 쥐기 좋은 호미를 건넸습니다.

"꽃님아, 밭갈이는 모든 농사의 시작이야. 아빠가 삽으로 땅을 파면 네가 호미로 흙을 잘게 부숴 줘."

아빠가 먼저 삽을 땅속으로 푹 찔러 넣었습니다. 이틀 후면 청명절이고, 그즈음 밭갈이를 해 주는 것이 좋다는 걸 책에서 보았습니다.

겨우내 얼었던 땅이 봄기운을 받아 조금씩 들썩일 무렵이라 그런지 삽이 쑥 들어갔습니다. 아빠는 삽으로 땅을 파서 아래위 흙을 골고루 섞어 주었습니다. 꽃님이는 아빠 뒤를 따라다니며 호미로 삽질한 흙 중에 큰 덩어리만 잘게 부수어 주었습니다. 밭갈이를 마친 흙은 더 거무스름하면서 윤이 났지만, 아직 밭갈이를 하지 않은 흙은 불그스름하고 퍽퍽해 보였습니다. 아빠와 꽃님이는 30분쯤 삽질과 호미질을 하고 나니 날씨가 찬데도 등에서 땀이 나기 시작했습니다.

"어휴, 힘들어. 아빠!"

쭈그려 앉아 있던 꽃님이가 일어서며 말했습니다.

"휴, 이제 삽질은 다 됐다. 코딱지만 한 밭인데도 꽤 힘드네……. 꽃님이는 천막 밑에 가서 좀 쉬어."

아빠는 삽질을 마친 후 막 갈아 놓은 땅 위에 가축분 퇴비를 골고루 뿌려 주었습니다. 지난번에 왔을 때 주말농장 땅 주인에게 농사에 대해 이것저것 물어보다가 아무래도 퇴비가 필요할 것 같아서 두 포대를 사 놓았습니다.

거무스름한 퇴비를 흙에다 뿌려 놓으니 한눈에 봐도 땅이 촉촉해 보였습니다. 아빠는 다시 삽자루를 들고 퇴비와 흙을 골고루 섞어 주었습니다. 땅이 훨씬 기름지게 변한 것 같아서 마음이 흐뭇했습니다. 그때 꽃님이가 천막에서 나와 밭을 돌아다니며 말했습니다.

"아빠, 아까는 못 맡은 좋은 냄새가 나요. 흠흠…… 풋풋하고 상큼해."

아빠가 꽃님이의 말에 껄껄 웃으며 대꾸했습니다.

"퇴비를 뿌려 놓았으니까 그렇지. 옛날에는 퇴비가 귀해서 친구 집에 가서 놀다가도 똥 마려우면 재빨리 집에 돌아와서 똥을 싸곤 했대."

"엥? 똥이 퇴비예요? 흙에서 똥 냄새는 안 나는데요?"

꽃님이가 두 눈을 휘둥그레 뜨며 물었습니다.

"옛날에는 사람 똥도 퇴비로 쓰

가축분 퇴비

소나 돼지, 닭의 똥에다 톱밥이나 왕겨를 섞어 일정 기간 숙성시킨 비료야. 잘 숙성한 퇴비는 흙과 섞이면서 땅의 힘을 길러 준대. 식물 뿌리가 잘 자라게 돕고, 뿌리에 산소가 잘 공급되게 해 줘.

긴 했어. 요즘에는 닭이나 염소, 소, 돼지 같은 가축의 똥에다 흙과 마른풀을 잔뜩 섞어서 햇빛과 바람을 쏘이고, 오랫동안 발효시킨 뒤에 쓰니까 나쁜 냄새가 안 나지. 똥 냄새가 나면 아직 퇴비가 덜 된 거야."

꽃님이가 신기한 듯이 입을 크게 벌렸습니다.

"아하! 똥이랑 풀이 죽으면 퇴비가 되네! 엄마 말처럼 세상에 버릴 게 하나도 없네요."

잠시 후 아빠는 밭갈이를 마친 다른 밭을 살펴보았습니다. 다른 밭은 밭둑의 높이가 고르고 평평해 보였습니다.

"아, 땅 높이를 얼추 비슷하게 맞추어야 하나 보다."

아빠는 다시 천막 안에 들어가 커다란 포크처럼 생긴 쇠스랑을 골라 잡았습니다. 파헤쳐 놓은 땅 위에서 쇠스랑을 밀었다 당겼다 했습니다. 꽃님이가 이 모습을 보더니 자신도 해 보겠다고 나섰습니다. 둘이서 번갈아 가며 쇠스랑으로 밭을 골랐더니 이제 꽃님이네 밭 흙도 높이가 제법 평평해졌습니다.

아빠는 왼손으로 이마에 맺힌 땀을 씻으며 밭을 바라보았습니다. 아무것도 심지 않은 밭이지만 윤기가 나고 풍요로워 보였습니다. 아빠가 허리를 쭉 편 뒤 등을 두드리며 말했습니다.

"휴, 이제 밭에다 무슨 작물을 심을까?"

꽃님이가 대꾸했습니다.

"음, 맛있는 건 뭐든지 다요!"

농사지을 때 필요한 농기구

♦ **삽:** 땅을 파고 흙을 뜨는 데 쓰는 연장이야.
♦ **쇠스랑:** 땅을 파헤쳐 고르거나 두엄, 풀 무더기 따위를 쳐내는 데 쓰는 갈퀴 모양의 농기구야.
♦ **괭이:** 땅을 파거나 흙을 고르는 데 쓰는 농기구야.
♦ **낫:** 곡식, 나무, 풀 따위를 베는 데 쓰는 농기구야.
♦ **호미:** 김을 매거나 감자, 고구마 따위를 캘 때 쓰는 농기구야.
♦ **삽괭이:** 삽과 괭이의 기능을 겸하는 농기구야. 주로 얕은 흙을 파고 고르는 데 쓰지.
♦ **가위와 작은 칼:** 자그마한 텃밭에 필요한 농사 도구는 대개 삽과 낫, 호미 정도면 충분해. 가위와 작은 칼 또한 농사짓는 내내 의외로 자주 사용하는 도구야. 쓰기 편하게 밭 한쪽에 걸어 두거나 땅속에 박아 놓으면 좋지.
♦ **물뿌리개:** 텃밭 환경에 따라 물뿌리개가 꼭 필요한 경우도 있어.

어린이 농부를 위한 텃밭 이야기

⊙ 검은 비닐이 텃밭 농사에 꼭 필요할까?

사람들은 농사를 지을 때 검은 비닐을 많이 사용해. 들풀이 나는 것을 미리 막아 주고, 심은 작물만 잘 자라게 하려고 그러는 게지.

그런데 비닐은 석유를 원료로 공장에서 만들어 낸 물건이야. 석유로 만든 비닐은 시간이 지날수록 큰 문제를 일으킬 수 있어. 비닐은 썩어 없어지는 데 무려 500년이나 걸린단다. 태워서 없애려고 해도 유독 가스가 나오고, 완전히 타지 않은 재가 남게 되지. 결과적으로 사람들의 건강과 자연환경에 좋지 않은 영향을 끼치게 돼.

검은 비닐 속에서 자라는 작물의 입장이 되어서 한번 생각해 봐. 공기가 들락거리지 않아서 제대로 숨을 쉴 수도 없어. 검은 비닐 속에 갇힌 작물은 내내 고열에 시달리는 기분일 거야. 농사짓는 사람은 편하지만 흙은 아주 힘들어져. 작물은 땅의 힘으로 자라나는데, 검은 비닐로 땅을 꽁꽁 싸매어 놓는다면 땅의 힘도 점점 약해지지.

텃밭을 가꾸는 농부들이 검은 비닐을 걷어 내고, 땅의 힘을 북돋아 주며 건강한 작물을 키워 낸다면 사람과 자연 모두에게 훨씬 좋을 거야.

2. 씨, 씨, 씨뿌리기

4월 9일, 미세 먼지 많으나 포근한 날씨, 영상 18~19도

밭으로 가는 길에 창밖을 내다보니 벚꽃과 개나리가 활짝 피었습니다. 봄바람도 쐴 겸 밭에도 가 볼 겸 세 식구가 오랜만에 함께 길을 나섰습니다.

"야, 일주일 사이에 꽃이 다 피었네."

아빠가 봄노래를 틀어 놓고 흥얼거립니다. 엄마도 꽃이 잔뜩 피어난 길을 구경하는 게 기분 좋은 듯 입꼬리가 올라갔습니다.

"오늘 나는 뭐 하면 돼요?"

꽃님이가 아빠에게 물었습니다.

"음, 오늘 꽃님이는 농사일에서 가장 중요한 씨뿌리기를 맡을 거야."

꽃님이는 중요한 임무를 맡았다는 말에 어깨가 으쓱 올라갔습니다.

밭에 도착하자마자 아빠는 삽괭이를 챙겼습니다.

"이 삽괭이로 씨앗을 심을 고랑을 팔 거야. 내가 고랑을 파면 당신이랑 꽃님이가 씨앗을 뿌려."

밭에 오기 전에 꽃님이네는 시장에 가서 깻잎, 대파, 열무, 상추, 쑥갓, 시금치, 치커리, 갓, 청경채, 고수 등 여러 채소의 씨앗을 샀습니다. 씨앗값은 작은 봉지 하나에 1,000원에서 3,000원까지 다양했습니다.

"에효, 씨앗값도 만만치 않아. 몇 가지 사지도 않았는데 이만 원이 훌쩍 넘었어."

엄마가 장바구니에서 손바닥만 한 씨앗 봉지를 하나씩 꺼내며 불평하듯 한마디 했습니다.

"우린 올해 처음이니까 씨앗을 사야 하지만, 이게 꽃이 피고, 열매를 맺으면 가을쯤에는 씨앗 부자가 되지 않을까?"

아빠는 잇몸까지 보이게 활짝 웃으며 엄마를 보고 말했습니다. 엄마도 '씨앗 부자'라는 말에 마지못해 피식 웃었습니다.

아빠는 삽괭이로 평평한 밭에 금을 긋듯이 작은 고랑을 냈습니다. 엄마와 꽃님이는 손으로 씨앗을 한 움큼씩 집어서 고랑 안에다 살살 뿌려 주었습니다. 씨앗은 채소의 종류에 따라 각각 모양도 색깔도 달랐습니다. 열무씨는 보랏빛이고, 대파씨는 까맸습니다. 상추씨는 삐쭉빼쭉 작은 가시 같고, 시금치씨는 연녹색이었습니다.

꽃님이는 씨앗 모양을 이리저리

다양한 씨앗의 아름다운 모양

곡식이나 채소 따위의 씨를 씨앗이라고 부르지. 씨앗은 어떤 작물의 열매이기도 해. 예를 들어 볍쌀은 벼의 열매이자 씨앗이란다. 식물의 종류마다 씨앗의 모양과 빛깔도 달라. 작고 아름답고 다채로운 씨앗들은 시간이 흐르면 새싹이 돋고 줄기와 잎이 나면서 점차 고유의 모습으로 자라나지.

살피다가 감탄하고 말았습니다.

"엄마, 씨앗 모양이 다양하고 색깔이 진짜 예뻐요. 이 씨앗은 어디에서 온 걸까?"

엄마가 꽃님이의 어깨를 톡톡 두드려 주며 대답했습니다.

"어디서 오긴, 자연에서 왔지. 식물이 자라서 꽃이 피고 나면 열매가 열리잖아? 벼나 콩처럼 그 열매가 바로 씨앗이 되기도 하고, 사과나 감처럼 그 열매 속에 씨앗이 들어 있기도 해."

"아하! 열매 모양이 다 다르니까 이렇게 다양한 씨앗이 있겠네."

아빠가 꽃님이 말에 껄껄 웃으며 말했습니다.

"어, 그렇지. 꽃님이가 엄마 아빠를 닮은 것처럼 식물도 자신의 유전자를 씨앗을 통해 대물림해. 그러니까 콩 심은 데 콩 나고, 팥 심은 데 팥 나는 거지, 하하."

아빠의 웃음소리를 들으며 엄마와 꽃님이가 밭고랑 양쪽에 서서 씨를 뿌렸습니다. 씨뿌리기는 밭갈이에 비하면 힘도 들지 않고 어렵지도 않았습니다.

"아빠, 씨앗 다 뿌렸어요. 이제 어떡해요?"

꽃님이가 밭고랑에 엉거주춤 앉은 채로 아빠를 올려다보았습니다.

"이제 양옆에 있는 흙으로 씨앗이 안 보이게 살짝 덮어 주면 돼."

엄마와 꽃님이는 아빠가 말한 대로 손으로 흙을 끌어다 씨앗을 뿌린 고랑 위에 덮었습니다.

"이게 끝이에요? 농사가 힘든 줄 알았더니 별일 아니네, 뭐."

꽃님이가 손을 툭툭 털고 일어나며 말했습니다. 엄마도 흙을 털어 내며 아빠에게 물었습니다.

"걸어오면서 보니까 저쪽 밭둑에 쑥이 많이 나 있던데, 좀 뜯어 가도 될까?"

아빠가 고개를 크게 끄덕였습니다.

"그럼, 당연하지. 모종으로 산 채소 몇 가지만 심어 놓고 같이 갑시다."

아빠는 씨앗이 자라려면 시간이 많이 필요하다면서 로메인 상추, 양상추, 비타민, 치커리, 청경채 같은 잎채소의 모종 몇 가지도 씨앗과 함께 샀습니다.

아빠가 호미로 땅을 파면 꽃님이가 그 안에 모종을 심었습니다. 꽃님이는 모종을 심은 후에 주변의 흙을 그러모아 손으로 꾹꾹 눌러 주었습니다. 이렇게 해야 연약해 보이는 모종의 뿌리가 단단하게 서 있을 것 같았습니다.

"코딱지만 한 밭에 벌써 열 가지가 넘는 채소를 심었네?"

아빠가 꽃님이의 어깨를 두드려 주며 말했습니다.

"코딱지 밭? 히히히. 그래도 아빠 코딱지보다 훨씬 큰데요?"

꽃님이가 웃으며 말하자 아빠도 큰 소리로 웃었습니다.

"꽃님아, 말 나온 김에 밭에 푯말 세울까? 꽃님이네 코딱지 밭, 어때?"

모종은 무엇일까?

아주 작은 화분에 흙을 채우고 그 안에 씨앗을 한두 알씩 심으면 뿌리가 생기고 새잎이 두세 장 돋아난 어린 식물이 돼. 이게 바로 모종이야. 모종을 밭에 옮겨 심으면 씨앗을 뿌린 것보다 훨씬 빠르고 튼튼하게 자라난단다.

아빠는 농기구 창고에서 작은 널빤지를 찾아와서 뚝딱거리더니 밭 입구에 푯말을 꽂았습니다. 그사이 꽃님이는 색연필과 크레파스가 든 가방을 차 안에서 가져왔습니다. 꽃님이는 푯말 위에 정성껏 글씨를 쓰고 나서 노랑나비 한 마리를 그려 넣었습니다. 엄마는 그 모습을 지켜보며 휴대 전화를 꺼내 사진을 찍었습니다.

"하하, 열 평이나 되는 코딱지가 어딨어? 아무튼 푯말을 세우니까 정말 우리 밭 같네. 이제 우리 나물 캐러 가자."

잠시 뒤 셋은 민들레가 잔뜩 핀 밭고랑을 지나서 매화나무가 듬성듬성 심긴 밭둑에 도착했습니다.

"여기야, 여기. 쑥이 잔뜩 나 있던데?"

엄마가 앞장서서 걷다가 기대에 찬 표정으로 아빠와 꽃님이를 뒤돌아보았습니다. 엄마는 밭둑 위에 엉거주춤하게 앉더니 쑥의 밑동을 과일칼로 쓱 베어 냈습니다. 등 뒤에 따스한 햇살을 받으며 세 식구는 한참이나 쑥을 캤습니다. 쑥을 캐다가 주변을 살펴보니 저절로 자란 냉이도 눈에 띄었습니다. 엄마가 불쑥 말했습니다.

"오늘 저녁에는 쑥 부침개와 냉이 된장국 먹고 싶어. 여보, 알았지? 그러니까 지금부터 냉이도 열심히 캐세요."

아빠는 나물 캐는 엄마를 바라보며 엄지와 검지를 둥그스름하게 붙여서 오케이 표시를 했습니다.

어린이 농부를 위한 텃밭 이야기

⊙ 씨앗의 변신

작은 씨앗이 어떻게 싹이 트고, 꽃이 되고, 나무가 되는지, 볼 때마다 참 신기해. 어떤 씨앗은 아주 작고 동그랗지. 또 어떤 씨앗은 크고 길쭉해. 생김새가 다른 씨앗은 각각 다른 식물로 자라나지. 씨앗 안에는 고유의 식물로 자라나게 하는 유전자가 들어 있거든. 이렇게 다양한 씨앗이 아름다운 꽃으로 변신하는 과정을 알아볼까?

흙 속에 식물의 씨앗이 떨어지면 씨앗은 일단 가만히 때를 기다려. 싹트기에 좋은 때를 기다리는 거야. 날씨가 따뜻해지는 봄이 되면 식물의 성장에 꼭 필요한 환경이 만들어지지. 다시 말해 햇빛과 공기, 물과 흙 속의 영양분이 충분해진 거야. 그러면 땅속 씨앗에서 먼저 뿌리와 떡잎이 자라나. 뿌리는 땅속으로 점점 깊이 들어가서 영양분을 빨아 먹어. 이렇게 뿌리가 땅에 박히면 떡잎은 어느새 시들고 날마다 새잎이 돋아나기 시작해.

새싹은 점점 자라나서 가지를 뻗고 잎을 키워 가지. 이때가 되면 사람들은 열심히 식물의 잎을 따서 먹는단다. 우리가 밭에서 키우는 잎채소도 대부분 이 시기에 먹거리가 돼. 그러다 마침내 꽃이 피어. 꽃이 피어나면 뭐가 날아올까? 바로 나비와 벌 들이 날아와서 꽃가루를 암술에 전해 주는 일을 해. 그러면 꽃이 진 자리에 열매가 맺힌단다. 이 열매가 곧 씨앗이 되지.

씨앗을 뿌리고 흙으로 덮어 주었는데도 새싹이 나지 않는다고? 그 까닭

은 씨앗 자체가 건강하지 않거나 햇빛이나 공기, 혹은 물이나 흙 속의 영양분이 충분하지 않아서야. 그러니까 새싹이 잘 난다는 건 이 모든 조건이 잘 갖추어졌다는 뜻이지. 외부 환경이 좋지 않으면 새싹이 나더라도 비실비실하게 자라서 성장이 더디거나 혹은 병에 걸리고 곤충의 먹이가 되어 일찍 죽고 말아.

햇빛도 공기도 흙도 다 좋은데 씨앗이 나지 않는다고? 씨앗이 오래되어서 너무 메말랐을지도 몰라. 이럴 때는 씨앗을 서너 시간 물에 담근 후 꺼내서 심어 봐. 새싹이 훨씬 빨리 나올걸?

씨앗은 싹을 틔우는 강한 힘을 가지고 있어. 몇 년 혹은 몇십 년을 땅속에서 엎드려 기다렸다가도 적당한 때가 오면 싹을 틔우고 꽃을 피우거든. 물이 없고 햇볕이 쨍쨍 쏟아지는 사막에서도 아주 가끔은 비가 와. 그러면 모래 속에 숨어 있던 씨앗들이 단 하루 만에 꽃을 피워서 사막을 꽃밭으로 만들기도 한단다.

3. 쑥쑥 자라는 새싹

4월 17일, 오전에 비 온 뒤 오후에 맑음, 영상 16도

　비가 그친 일요일 오후, 하늘이 말갛게 갰습니다. 어제부터 내린 비에 화려한 벚꽃이 다 떨어진 듯했습니다. 꽃님이네가 사는 아파트 단지 보도블록 사이사이마다 노란 민들레가 고개를 쑥 내밀며 피어났습니다. 엄마가 먼저 나서서 밭에 가자며 식구들을 졸랐습니다.
　"당신이 웬일이야? 밭에 뭐 두고 왔어? 나 모르게 황금 송아지라도 심어 놨나?"
　아빠가 주섬주섬 추리닝 바지를 추어올리며 엄마를 놀렸습니다.
　"지난번에 갔을 때 쑥이랑 냉이랑 캐 오니까 진짜 맛있더라고. 빨리 가자. 누가 다 캐기 전에……."
　엄마는 봉지와 과일칼을 챙기면서 휴대 전화 게임에 열중하고 있는 꽃님이의 손도 잡아끌었습니다.
　"꽃님아, 밭둑에서 나물 캐자, 응?"

꽃님이네는 먼저 재래시장 어귀에 있는 종묘상에 들렀습니다. 종묘상은 씨앗과 모종, 비료, 농약 등을 파는 상점입니다. 셋은 토마토, 가지, 고추 모종을 샀습니다.

밭으로 가는 차 안에서 꽃님이가 물었습니다.

"아빠, 지난주에 내가 심은 씨앗은 어떻게 되었을까요? 아직 싹이 안 나왔겠죠?"

아빠가 백미러를 올려다보며 꽃님이를 향해 눈을 찡긋했습니다.

"그사이에 비가 촉촉이 내려서 싹이 나왔을지도 모르지."

엄마는 말없이 미소 지으며 연분홍빛으로 피어난 복숭아꽃을 창밖으로 바라보았습니다. 밭으로 이어지는 길가에는 노란 민들레와 하얀 냉이꽃이 만발하고, 질경이도 잔뜩 돋아났습니다.

아빠가 차 트렁크에서 모종을 꺼내고, 엄마가 봉지 따위를 챙기는 사이 꽃님이는 재빠르게 밭으로 달려갔습니다.

"우아, 열무랑 갓이랑 벌써 새싹이 올라왔어! 아빠, 엄마, 빨리 와 보세요."

꽃님이가 신이 난 목소리로 엄마와 아빠의 발걸음을 재촉했습니다.

"야, 신기하다! 바로 지난주에 모종으로 심은 것들이 벌써 뜯어 먹어도 될 정도로 자랐네?"

아빠가 서둘러 밭으로 다가오며 감탄했습니다. 청경채, 로메인 상추, 양상추, 치커리, 비타민 등의 모종이 벌써 훌쩍 자랐습니다. 꽃님이 엄마도 종종걸음으로 밭에 다가오더니 탄성을 질렀습니다.

"야, 맛있겠다! 나, 쌈 진짜 좋아하는데……."

엄마는 한 장 한 장 정성껏 쌈 채소를 뜯어서 담기 시작했습니다. 어느새 봉지가 절반이나 찼습니다. 아빠가 엄마 옆을 지나며 말했습니다.

"고기 구워서 쌈 싸 먹기에는 양이 좀 적고, 샐러드 만들면 딱이겠어."

아빠는 씨앗을 심어 놓은 땅에서 멀찌감치 떨어진 곳으로 가서 호미로 땅을 팠습니다. 땅을 한 뼘 정도 파낸 후에 토마토 네 개, 가지 두 개, 고추 네 개씩 보기 좋게 줄 맞추어 모종을 심었습니다.

잡초도 아직 올라오지 않은 불그스름한 밭이라 모종을 심고 난 뒤에는 달리 할 일도 없었습니다. 엄마가 말했습니다.

"우리, 이제 나물 캐러 가자."

꽃님이와 아빠는 엄마의 안내를 받아 매화나무 밭둑 너머에 있는 길가로 향했습니다. 매화나무 밭둑 곳곳에는 쑥과 냉이도 보이고, 오동통한 돌나물도 보였습니다.

엄마는 봄나물이 눈에 띌 때마다 쭈그려 앉아 나물을 캐고 나서, 밭둑이 끝나는 곳까지 아빠와 꽃님이를 데리고 갔습니다. 그러자 길을 따라 흐르는 작은 도랑이 나왔습니다. 도랑 근처에는 여기저기 미나리가 지천으로 나 있었습니다.

"여기는 또 언제 봐 뒀어?"

아빠가 놀랍다는 듯 눈을 크게 뜨면서 물었습니다. 엄마가 눈웃음을 지으며 대답했습니다.

"응, 지난번에 이쪽으로 한번 와 봤거든. 그때는 미나리가 새끼손가락만 하더라고. 다음 주에 오면 제법 크겠다 싶었지."

꽃님이 엄마와 아빠는 도랑 옆에서 어른 손바닥 길이만큼 자란 미나리 밑동을 칼로 베기 시작했습니다. 둘이서 하니까 금세 봉지가 가득 찼습니다.

"매운탕에도 조금 넣고, 살짝 데쳐서 초장에 무쳐 먹어도 맛있겠다. 미나리가 요새 얼마나 비싼데……."

아빠와 엄마는 신선한 미나리를 얻었다며 신이 났습니다.

4월 24일, 비가 그치고 기온이 오름, 영상 21도

밭에 다녀온 며칠 뒤에는 비가 내렸습니다. 봄비가 내려 온갖 곡식을 키워 준다는 곡우 무렵이라 그런지 일주일 새 사흘이나 비가 왔습니다. 덕분에 꽃님이가 뿌려 놓은 씨앗도 다 싹이 터서 떡잎이 땅 위로 올라왔습니다. 2주 전에 모종으로 심은 청경채, 로메인 상추, 비타민, 양상추도 이제는 확연히 자라서, 수확하니 봉지에 가득했습니다. 집에 가져가 씻으려고 함지박에 담았더니 그 안에 초록빛이 가득했습니다.

"신선한 채소를 언제든지 뜯어 먹을 수 있다는 게 매력 만점이네."

개수대 앞에 선 엄마의 입이 함지박만큼 벌어졌습니다. 엄마가 좋아하자 아빠의 눈가에도 웃음 주름이 잡혔습니다.

"벌써 수확의 계절이 시작된 건가? 농사짓길 잘했지? 마음이 뿌듯하지 않아?"

아빠의 목소리에 왠지 모를 자신감이 묻어났습니다. 엄마는 함지박에 가득한 채소를 씻으며 대꾸했습니다.

"채소가 일주일이 지나도 싱싱해. 가게에서 산 채소는 냉장고에 보관해도 사나흘이 지나면 물러지거든. 텃밭 채소는 좀 시들해진 듯해도 물에 넣으면 다시 싱싱해지는 게 무척 신기해."

어린이 농부를 위한 텃밭 이야기

◉ 봄철 밭둑에 잘 자라는 풀

옛날에는 초봄이 되면 먹을 양식이 떨어져 굶는 사람들이 많았어. 보리가 여무는 늦봄까지 배고픔을 참으며 견뎌야 했지. 이 시기를 보릿고개라고 불렀대.

보릿고개를 버티는 동안 사람들은 산과 들로 봄나물을 캐러 다녔어. 초봄에 자라나는 나물을 잔뜩 캐서 아껴 둔 쌀을 조금 넣은 다음 나물밥을 해 먹으며 배고픈 시간을 견디었어. 지금은 쌀이며 곡식이 흔해서 보릿고개를 나는 일은 없지만, 봄나물이 의외로 맛있고 건강에 좋은 풀이기 때문에 봄철에는 꼭 나물을 챙겨 먹는 게 좋아.

봄나물은 씨앗을 일부러 심지 않아도 봄이 되어 날씨만 풀리면 저절로 자라나. 번식력이 좋아서 산이나 들이나 밭둑에 마구 돋아나지.

♠ **쑥**: 쑥쑥 잘 자란다고 '쑥'이라는 이름이 붙었대. 그만큼 우리 주위에서 흔히 볼 수 있어. 우리 민족은 오랜 옛날부터 쑥을 먹어 왔어. 단군 신화에서 곰과 호랑이가 인간이 되려고 동굴 속에서 먹어야 했던 음식도 바로 마늘과 쑥이란다. 냄새가 향긋하고 맛도 좋아서, 쑥 부침개, 쑥 된장국, 쑥떡 등 여러 음식의 재료로 사용된단다.

♠ **민들레**: 4, 5월이 되면 노란 민들레가 마구 피어나. 여름이면 노란 꽃은 지고 하얀 갓털이 달린 씨앗이 바람에 날려 멀리 퍼진단다. 꽃이 피기 전 민들레는 잎이 연해서 따서 먹을 수 있어. 새콤 매콤하게 양념해서 익히지 않고 바로 무쳐 먹으면 부드럽고 쌉싸름한 맛이 일품이야. 노란 꽃은 따서 말려 차로 마시기도 해. 뿌리와 줄기는 한방에서 해열제, 변비약 등으로 사용한대.

♠ **냉이**: 냉이는 초봄부터 들이나 밭에 많이 자라나. 꽃이 피기 전에 잎과 뿌리를 캐어 먹어. 냉이 뿌리에서는 굉장히 향긋한 냄새가 난단다. 냉이는 아주 깊게 뿌리내리고 있어서, 캐려면 깊숙이 흙을 파내야 해. 4~6월에는 자잘한 하얀 꽃이 줄기 끝에 모여서 피어나. 냉이와 비슷한 모양의 '나도냉이'가 있는데, 나도냉이의 꽃은 노란빛이야. 나도냉이도 꽃이 피기 전에 어린잎과 뿌리를 먹을 수 있어. 나도냉이보다는 냉이가 훨씬 향긋하지.

♠ **질경이**: 질경이는 봄이 되면 들이나 길가에서 많이 돋아나. 사람들이 자주 밟고 지나다녀도 질기게 잘 자란다고 해서 '질경이'라는 이름이 붙었대. 6~8월에는 꽃대가 올라오면서 깔때기 모양의 흰 꽃이 피어나. 어린잎은 나물로 먹고, 즙을 내어 먹기도 하지. 질경이씨는 약재로 사용되기도 한단다.

♠ **미나리**: 미나리는 봄부터 가을까지 촉촉한 흙이 있는 들판이나 물이 흐르는 개울가에 자라나. 땅 위로 매끈한 줄기를 뻗어 가며 번식하는데, 잎과 줄기에 독특한 향기가 있어. 익히지 않고 그냥 먹거나 데쳐서 먹으면 맛있어. 미나리는 비타민, 무기질, 섬유질이 풍부해서 몸 안에 쌓인 독소를 몸 밖으로 내보내는 일을 돕는대. 또한 피를 맑게 하고, 많이 먹어도 살이 찌지 않는 나물이야.

♠ **돌나물**: 돌나물은 오동통한 잎이 귀여워서 눈에 잘 띈단다. 바위틈에서 잘 자라나서 돌나물이라는 이름이 붙었대. 2~3월에 새순이 올라오면 익히지 않고 바로 먹을 수 있어. 연하고 아삭해서 샐러드나 김치로 만들어 먹기도 한단다.

비빔밥엔 역시 봄나물이 최고야!

4. 고구마를 심어요

5월 1일, 날씨 맑음, 영상 25도

엄마는 열흘 전쯤 고구마 상자에서 싹이 난 고구마를 골라냈습니다. 그러고는 싹 난 고구마 서너 개를 큼직한 유리컵 두 개에 나누어 넣고 물을 잔뜩 부어 주었습니다. 부엌 개수대 위쪽 창턱에 자리한 고구마 컵에서는 날마다 고구마 순이 쑥쑥 자라났습니다. 이제 줄기는 고구마보다 더 진한 자주색이 되었고, 잎은 어른 손바닥만큼 커졌습니다.

"꽃님아, 고구마 심으러 가자. 더 자라면 안 되겠어."

아빠가 꽃님이를 향해 소리쳤습니다.

일요일이 되자, 꽃님이네는 어김없이 밭으로 향했습니다. 여러 식물의 싹이 트고 자라는 계절이라 그런지 밭으로 향하는 발걸음이 무척 가벼웠습니다.

밭에 도착하자마자 아빠는 아무것도 심지 않은 빈 땅에 삽을 깊이 꽂았습니다. 그러고는 삽으로 흙을 듬뿍 뜬 후 이랑을 높이 쌓았습니다.

"아이고 힘들다. 고구마를 심을 때는 삽질을 깊숙이 해야 한대. 흙을 골고루 섞은 다음에 이랑을 높이 쌓으래. 그래야 땅속 깊이 주렁주렁 열매가 달린다나?"

아빠가 힘들어하자 꽃님이 엄마가 삽을 건네받았습니다. 엄마가 삽을 땅에 꽂으려고 오른발을 삽 위에 올리고 힘을 주었습니다. 땀을 닦으며 한숨 돌리던 아빠가 말했습니다.

"삽질은 어디서 배웠어? 잘하는데?"

"배우긴 어디서 배워. 그냥 해 보는 거지. 의외로 재미있는데?"

이제 밭에는 기다랗고 높은 이랑이 만들어졌습니다. 꽃님이가 고구마 순을 하나씩 조심스레 떼어 내어 엄마에게 건네면, 엄마는 이랑 위에다 비스듬히 심었습니다. 유리컵에서 밭으로 옮겨 온 고구마 순은 좀 시들해 보였습니다.

삽 손잡이에 몸을 기댄 채 서 있던 아빠가 말했습니다.

"옆 밭은 감자를 심었나 봐. 벌써 감자꽃이 피었네."

바로 옆 밭은 머리카락이 하얗고 몸이 마른 어떤 할머니가 짓는 텃밭입니다. 씨앗을 심으러 온 날 잠깐 인사를 나눈 적이 있습니다. 할머니가 밭일하다가 일어서서 하늘을 보며 허리를 두드리는 모습이 보였습니다. 꽃님이 엄마가 할머니에게 다가가며 말했습니다.

"할머니, 안녕하세요? 이 하얀 게 감자꽃이에요? 감자꽃은 태어나서 처음 봐요."

할머니가 흙 묻은 손을 털면서 말했습니다.

"강원도에는 자주색 꽃이 피는 자주감자도 있다우."

이번에는 꽃님이가 할머니에게 물었습니다.

"할머니, 감자나 고구마나 키우는 방법은 비슷비슷하겠죠?"

할머니가 꽃님이에게 대답했습니다.

"아, 아가야, 감자랑 고구마는 비슷한 것 같아도 달라. 감자랑 고구마랑 맛이 다른 것처럼 밭에서 키우는 방법이 많이 다르지. 감자는 싹이 난 감자알을 칼로 뚝뚝 베어 내서 심고, 고구마는 열매에서 돋아난 줄기를 떼어 내서 심거든. 또 심는 철도 다르지. 감자는 삼사월에 서둘러 심구고, 고구마는 오뉴월에 느긋하게 심궈도 돼. 감자 열매는 여름철에 수확하고, 고구마 열매는 늦가을 서리가 내린 후에 거두고. 그러니까 감자는 여름에 맛있고, 고구마는 겨울이 제철인 게라."

꽃님이 엄마가 깜짝 놀란 듯 말했습니다.

"와, 할머니, 감자랑 고구마에 대해 정말 잘 아시네요?"

할머니가 빙긋 웃으며 말했습니다.

"강원도에서 나고 자라서 어릴 때부터 밥보다 감자를 더 많이 먹었다우. 작년에는 감자도 심고 고구마도 심궜는디, 내 입에는 푸슬푸슬 감자가 맞나."

꽃님이 아빠가 대꾸했습니다.

"아, 그러시군요. 저는 남쪽이 고향이라 고구마를 더 많이 먹고 자랐어요. 그래서 텃밭에 고구마는 꼭 심고 싶더라고요. 앞으로도 농사짓다가 모르는 거 있으면 여쭈어볼게요. 잘 부탁드립니다."

할머니가 손을 내저으며 대답했습니다.

"아유, 젊은 사람들이 용하디. 농사지어 보겠다고 애쓰는 것만 봐도 흐뭇하우. 어서 일 보우."

꽃님이네 식구들은 할머니에게 인사한 후 고구마 순을 다 심었습니다. 그런 후에는 어른 무릎 높이만큼 자라난 토마토를 살폈습니다.

"에고, 오늘은 할 일이 많네. 토마토가 제법 자라나서 얼른 지지대를 세워 줘야겠어."

아빠는 일단 기다란 장대 아홉 개를 땅속 깊이 박아 넣고, 짧은 막대를 그 위로 가로질러 주었습니다. 이번에는 엄마가 나서서 장대가 가로세로로 만나는 부분을 끈으로 단단하게 묶었습니다. 꽃님이 눈에는 토마토 지지대가 허술한 정글짐처럼 보였습니다.

"아빠, 토마토 집 짓는 거야? 왜 이런 걸 만들어요?"

꽃님이의 말에 아빠가 손등으로 땀을 닦으며 대답했습니다.

"나중에 토마토가 엄청 자랄 때를 대비하는 거야. 토마토 줄기가 자라고 열매가 달리기 시작할 때 땅으로 거꾸러지지 않고 잘 자라도록 지지대를 만들어 주는 거지."

잠시 후 엄마는 밭에 쭈그려 앉아 새싹 채소를 듬뿍 뽑고, 어른 손바닥만큼 자란 쌈 채소를 땄습니다. 꽃님이가 다가오며 물었습니다.

"엄마, 이렇게 한창 자라는 새싹들을 왜 뽑는 거예요?"

"응, 우리가 듬뿍 뿌린 씨앗들이 다 새싹을 내밀어서 빽빽해졌잖아? 이렇게 촘촘하게 자란 새싹들을 솎아 주는 거야. 너무 좁은 공간에서 새싹들이 부대끼면 잘 자라지 못하거든. 솎아 주면 자라날 공간이 생겨서 남은 새싹들이 더욱 튼튼하게 큰대."

엄마가 부지런히 손을 놀려 새싹을 솎으면서 대답했습니다. 꽃님이도 엄마를 도와 조심스럽게 새싹을 뽑으며 말했습니다.

"엄마, 채소가 이렇게 많은데, 오늘 저녁에 고기 구워서 함께 먹을까?"

엄마와 꽃님이가 수확한 채소는 두 봉지에 가득했습니다. 엄마가 말했습니다.

"고기도 구워 먹고, 훈이네도 좀 나누어 주어야겠다. 우리 식구가 다 못 먹을 만큼 양이 많네."

훈이는 꽃님이와 초등학교 1학년 때 같은 반 친구인데, 4학년이 된 올해 다시 꽃님이와 같은 반이 되었습니다. 같은 아파트 단지에 살고 있어서 왕래가 잦다 보니, 엄마 아빠끼리도 친하게 지내는 이웃입니다.

그날 저녁, 꽃님이 집에서는 구수한 삼겹살 냄새가 솔솔 풍겼습니다. 식구들은 쌈 채소에 바싹하게 구운 삼겹살을 올리고 된장을 곁들여 먹었습니다.

"고기도 맛있지만, 오늘 딴 쌈 채소가 역시 최고인데?"

아빠가 이렇게 말하며 씩 웃자, 잇몸 사이로 푸른 채소의 찌꺼기가 보였습니다.

"아빠, 고기 싸 먹을 때 말하면 안 돼요. 하하하, 슈렉 같아요."

꽃님이가 아빠를 놀려 댔지만, 아빠는 아랑곳하지 않고 다시 고기를 굽고 쌈을 싸느라 바빴습니다. 고기를 다 구워 먹은 후 엄마가 커다란 양푼을 꺼냈습니다. 양푼 안에 밥을 퍼 담고 새싹 채소를 듬뿍 올려서 초장을 넣어 비비기 시작했습니다.

"자, 오늘의 마무리는 새싹 비빔밥!"

새콤달콤한 초장 양념과 아삭아삭 씹히는 새싹 채소가 잘 어우러진 비빔밥은 알록달록 색깔도 예뻤습니다. 꽃님이네는 경쟁하듯 숟가락질하며 양푼 한 그릇을 싹싹 비웠습니다.

5. 나누고 퍼 주어도 괜찮아!

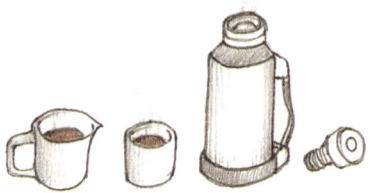

5월 10일, 맑음, 영상 24도

꽃님이네는 5월 초순에 제주도 여행을 가게 되었습니다. 미리 예약해야 비행기 티켓을 싸게 살 수 있다며 지난 2월부터 계획한 여행입니다. 꽃님이 엄마는 여행을 가기 전날 훈이 엄마에게 전화를 걸었습니다.

"저기, 훈이 엄마. 부탁이 있는데, 우리가 제주도 여행 가서 없는 동안 밭에 한 번만 다녀와 줄래?"

훈이 엄마가 대답했습니다.

"아, 그래? 걱정 마. 그렇지 않아도 밭에 채소가 많으면 내가 좀 뜯어 와도 되는지 물어보려고 했어. 그 밭에서 나온 채소, 진짜 맛있더라. 뭐랄까? 잎이 더 단단하고 향도 진하고 말이야. 가게에서 산 채소에서는 그런 맛이 안 나던데. 우리 훈이도 진짜 잘 먹더라니까……."

훈이 엄마의 텃밭 채소 칭찬이 이어졌습니다. 전화기를 든 엄마의 입꼬리가 한껏 올라갔습니다.

"실컷 뜯어 가. 밭에 채소가 너무 잘 자라서 하루 이틀 새에도 엄청 크거든. 마음껏 뜯어다 먹어."

"고마워. 마트에서 파는 무농약 친환경 채소는 가격도 비싼데 이렇게 그냥 얻어먹어도 돼? 꽃님이네 밭에서 나온 채소는 무농약이라 그런가? 훨씬 신선하고 맛이 좋은 것 같아."

"아유, 밭은 코딱지만 해도 요즘 너무 잘 자라서 다 못 먹어. 작은 텃밭이라도 채소가 정말 많이 나거든. 어차피 우리 식구가 다 못 먹으니까 농약 안 치고 벌레랑 나눠 먹기로 했어, 호홋. 어쨌든 농약은 우리 몸에 안 좋으니까."

"우리 시댁이 시골에서 농사짓잖아? 여름 방학 때 시댁에 가면 그 동네에 농약 치는 냄새가 많이 나거든. 농약 냄새만 맡으면 머리도 아프고 이상하게 몸에 힘이 빠지더라고. 어머님께 여쭤봤어. 농약 안 치고 농사지으면 안 되는지. 그랬더니, 벌레가 얼마나 많이 꼬이는지 아느냐, 시장에 내다 팔려면 모양이 좋아야 하니까 안 칠 수가 없다, 그러시더라. 농약을 쳐서 기른 채소는 물에 충분히 담가서 씻어 먹는 게 좋대. 꽃님이네 채소는 오히려 씻기도 편하고 맛도 더 좋은 것 같아."

훈이 엄마와 꽃님이 엄마는 한참이나 전화기를 붙들고 이런저런 이야기를 나누었습니다.

제주도에 다녀온 다음 날 아침, 꽃님이 엄마는 밀린 재활용 쓰레기를 버리려고 아파트를 내려갔다가 출입구 앞에서 훈이 엄마와 마주쳤습니다. 훈이 엄마가 종이 상자를 들어 주겠다고 나섰습니다.

"여행은 잘 다녀왔어? 그나저나 채소가 너무 맛있더라. 온 식구가 어찌나 좋아하던지. 벌써 다 먹었지 뭐야?"

꽃님이 엄마는 빈 병과 플라스틱이 가득 든 바구니를 옮기며 대답했습니다.

"아, 그래? 그렇지 않아도 오늘 오후에 밭에 가 볼까 했는데, 시간 되면 같이 가서 채소 좀 뜯어 갈래?"

"진짜? 그래도 돼? 그럼 점심 먹고 볼까?"

햇살이 따사로운 오후, 훈이 엄마와 꽃님이 엄마는 밭에 도착했습니다. 수북수북 올라온 채소들이 햇빛을 받아 반짝거렸습니다. 5월이 되자 채소는 더욱 풍성해지고 더 빠른 속도로 자라났습니다.

"원하는 만큼 실컷 뜯어 가, 훈이 엄마."

코딱지 밭에 들어서자 꽃님이 엄마가 웃으며 말했습니다. 이내 둘은 밭에 쭈그려 앉아 쌈 채소를 뜯기 시작했습니다. 씨앗에서 자라난 상추, 치커리, 갓, 시금치 같은 채소는 서로 어깨를 부딪쳐 가며 수북하게 연한 잎을 키워 가고, 모종으로 심은 청경채, 양상추, 비타민 같은 채소는 그사이에 더 두꺼워지고 커진 잎을 주렁주렁 달며 자랐습니다. 훈이 엄마가 감탄하듯이 말했습니다.

"상추가 아주 빽빽하게 자랐네."

꽃님이 엄마가 맞장구를 쳤습니다.

"그러니까 말이야. 나도 밭에 올 때마다 깜짝깜짝 놀라. 성장 속도도 빠르고 풍성하게 잘 커서. 씨 뿌린 지 한 달이나 됐나?"

"한 달밖에 안 됐는데 이렇게 잘 자라는구나. 아파트 베란다에서 키우면 잘 자라지는 않더라고."

훈이 엄마가 손을 부지런히 놀리면서 말했습니다. 꽃님이 엄마도 고개를 주억거리면서 대꾸했습니다.

"식물은 땅의 힘으로 자라나 봐. 베란다에서 키우면 아무래도 흙이 부족하잖아."

둘은 빽빽하게 자란 채소들은 솎아 주고, 어느새 다 자란 채소들은 아래쪽부터 잎을 한 장 한 장 뜯는 식으로 수확했습니다. 얼마 지나지 않아 준비해 온 봉지 안에 쌈 채소가 그득해졌습니다.

훈이 엄마가 일어나서 먼 하늘을 바라보며 말했습니다.

"어휴, 좀 쉬었다 하자. 내가 커피 가져왔거든."

"정말? 그럼 저기 쉼터에서 좀 쉬었다 할까?"

꽃님이 엄마가 주말농장 한가운데 있는 쉼터를 가리키며 말했습니다. 원래 나무 몇 그루가 서 있는 빈 땅이었는데, 얼마 전 밭 주인이 그 아래에 햇빛을 가리는 차양을 치고 의자와 탁자를 가져다 놓았습니다. 둘은 쉼터에 앉아서 보온병 안에 든 커피를 컵에 따랐습니다.

"우아, 여기 너무 근사하다. 꼭 야외 카페 같아."

훈이 엄마가 따끈한 커피를 한 모금 마시며 말했습니다. 때마침 맑은 바람이 살랑살랑 불어와서 두 사람의 뺨에 스쳤습니다. 햇살 밝은 오후, 바람에 살짝 흔들리는 채소들이 푸릇푸릇 신선하고 아름다워 보였습니다. 꽃님이 엄마가 말했습니다.

"나는 원래 주말농장 하는 거 반대했거든. 너무 힘들까 봐. 그런데 밭에 와서 일도 하고 바람도 쐬면 아무 생각이 없어져서 좋더라고."

훈이 엄마가 웃음을 터뜨리며 말했습니다.

"이렇게 좋은 걸 왜 반대했어? 기분 전환도 되고 건강해지는 느낌인데! 나 다음에 또 와도 될까?"

"언제든 좋으니까 와서 채소 가져가. 채소가 너무 잘 자라서 우리 식구가 다 못 먹거든. 시장에 내다 팔아야 하나 싶을 정도라니까."

꽃님이 엄마가 활짝 웃으며 대답했습니다. 훈이 엄마에게 인심 쓰듯 말했지만, 사실 꽃님이 엄마는 속으로 훈이 엄마에게 무척 고마운 마음이 들었습니다. 요즘에는 꽃님이네 가족이 다 먹지 못할 만큼 수확량이 늘었기 때문에 누구라도 와서 직접 뜯어 가는 게 오히려 반가운 일이었습니다. 훈이 엄마가 컵에 남은 커피를 다 들이마시며 자리에서 일어났습니다.

"이제 다시 일하자. 요 이쁜 채소들이 '나 좀 뜯어 가 주세요!' 그러네. 히히."

어린이 농부를 위한 텃밭 이야기

◉ **농약은 정말 위험해!**

농약이 땅과 동식물과 사람의 건강에 얼마나 해로운지 알고 있니? 미국 생물학자 레이첼 카슨은 일찍이 농약의 해로움에 관심을 가지고, 《침묵의 봄》이라는 책에 이렇게 기록했어.

> 예전에는 그렇게도 멋진 풍경을 자랑하던 길가는 마치 불길이 휩쓸고 지나간 듯, 시들어가는 갈색 이파리만 나무에 매달려 있었다. 생물이란 생물은 모두 떠나버린 듯 너무나도 고요했다. 시냇물마저 생명력을 잃은 지 오래였다. 물고기들이 다 사라져버렸기에 찾아오는 낚시꾼도 없었다.
> 처마 밑으로 흐르는 도랑과 지붕널 사이에는 군데군데 흰 알갱이가 남아 있었다. 몇 주 전 마치 눈처럼 지붕과 잔디밭, 밭과 시냇물에 뿌려진 가루였다.
> 이렇듯 세상은 비탄에 잠겼다. 그러나 이 땅에 새로운 생명 탄생을 가로막은 것은 사악한 마술도, 악독한 적의 공격도 아니었다. 사람들이 스스로 저지른 일이었다.
> ─《침묵의 봄》(레이첼 카슨 지음, 김은령 옮김, 에코리브르) 27쪽

윗글에 나온 '흰 알갱이'가 무엇인 줄 알아차렸니? 바로 농약이야. 농약을 마구 뿌리면 땅도, 땅에 사는 생명들도 모두 건강을 잃게 돼. 흙이 살아 있지 않으면 식물이 자라지 못하고, 식물이 없으면 동물도 살아남을 수 없으니까.

농약은 단지 벌레와 잡초만 죽이는 게 아니야. 농약을 뿌리면 화학 성분이 흙 속에 쌓이고 흙 속 미생물도 점차 사라져서 흙이 생명력을 잃게 되지. 흙 속 미생물이 없는 흙은 사막의 모래나 마찬가지로 식물을 길러 낼 힘이 없어. 이렇듯 흙이 농약에 오염되면 지상의 모든 생명이 위험해지는 셈이지.

6. 토마토 순을 따 줘요

5월 22일, 맑음, 영상 28도

5월 하순이 되자 날이 부쩍 더워졌습니다. 여름의 시작이라는 입하도 지나고, 소만 무렵이 되었습니다. 소만은 햇볕이 풍부하고 만물이 성장하여 가득 찬다는 뜻입니다. 이즈음 대낮에 밭에 가면 눈이 부시도록 햇빛이 쏟아졌습니다.

수북이 올라온 채소들이 한 뼘쯤 자라났습니다. 쑥갓, 상추, 시금치는 특히 잘 자라서 꽃님이 종아리에 닿을락 말락 했습니다. 모종으로 심은 쌈 채소도 여전히 잘 자랐습니다. 4, 5월에 비교적 비가 자주 온 덕분입니다.

"농사는 사람이 아니라 하늘이 짓는다더니……. 그동안 물 한 번 제대로 안 줬는데 하늘에서 제때 비가 내리니까 이렇게 잘 자라는구나."

꽃님이 아빠가 말했습니다.

청경채와 고수는 그사이에 꽃대가 올라와 노란 꽃과 연보라 꽃을 잔뚝 피웠습니다.

"우아, 우리 밭이 엄청 예뻐졌네."

엄마는 풍성한 채소를 수확하느라 쉴 새 없이 손을 놀리면서, 피어난 꽃들을 보고 새삼 감탄했습니다. 꽃님이는 엄마가 꽃을 무척 좋아해서 자기 이름도 꽃님이라고 지었다는 이야기를 듣고 자랐습니다. 이름이 이상하다고 놀리는 친구도 간혹 있었지만, 꽃님이는 자기 이름이 좋았습니다. 한 번 들으면 절대 잊을 수 없는 예쁜 이름이라고 칭찬해 주는 사람들이 훨씬 많았기 때문입니다.

"꽃이 피면 뿌리에서 올라오는 양분이 꽃으로 가기 때문에 줄기와 잎은 거칠고 단단해져. 꽃이 피어난 채소는 뽑아내고 새로 씨를 부려야 한대."

아빠가 엄마를 보며 말했습니다.

"에구, 저렇게 예쁜데 그냥 놔둬. 그러지 않아도 채소는 남아돌거든? 밭에 와서 꽃구경도 하고 좋지, 뭐."

엄마는 꽃을 뽑지 말자고 고집을 부렸습니다. 꽃님이가 엄마 말을 듣다가 갑자기 생각난 듯 말했습니다.

"참, 엄마 나 학교에서 백일홍 꽃씨 받았는데 밭에다 심어도 돼요?"

"근데 꽃씨 심기에 너무 늦지 않았나?"

꽃님이 엄마가 대답했습니다.

"그냥 한번 심어 보자. 밭이 화분보다 땅 힘이 훨씬 좋으니까 잘 자랄지도 몰라."

아빠가 웃으며 말했습니다. 꽃님이가 총총걸음으로 차에 가서 책가

방 안에 둔 백일홍 꽃씨 봉투를 가지고 왔습니다. 백일홍 꽃씨는 거뭇거뭇한 빛깔에 끝이 뾰족했습니다. 꽃님이와 엄마는 '꽃님이네 코딱지 밭'이라고 쓰인 푯말 근처에 꽃씨를 뿌렸습니다. 꽃님이가 씨앗에 흙을 덮어 주며 말했습니다.

"꽃씨야, 꽃씨야. 우리 밭에서 이쁘게 잘 자라거라."

아빠는 꽃님이의 주문 같은 말에 슬며시 웃으며 토마토 쪽으로 걸음을 옮겼습니다.

토마토는 지난번에 얼기설기 만들어 놓은 지지대를 타고 더 많이 자라났습니다. 아빠가 꽃씨 뿌리기를 마친 꽃님이에게 말을 건넸습니다.

"꽃님아, 이거 보여? 이렇게 새로 난 여린 줄기를 '순'이라고 해. 이 토마토에도 순이 아주 많이 나거든. 토마토 순을 자주 따 줘야 열매에 갈 양분을 잎에 빼앗기지 않는대. 우리 꽃님이가 지금부터 토마토 순 따기를 맡아 주면 어떨까?"

꽃님이가 시원스레 대답했습니다.

"네, 좋아요! 우리 집 일꾼 출동!"

아빠가 꽃님이에게 순 따는 방법을 가르쳐 주었습니다.

"여기 가지를 봐. 위쪽으로 나는 순이 있고, 아래쪽으로 나는 순이 있지? 이 아래쪽 순을 톡톡 따 주면 되는 거야, 이렇게. 토마토뿐만 아니라 고추랑 가지도 잎이 많이 자라면 이런 식으로 순을 따 줘야 해."

꽃님이는 목장갑을 끼고 아래 방향으로 난 토마토 순을 잡아 툭 끊은 뒤 코에다 대고 킁킁 냄새를 맡았습니다.

"토마토 이파리에서 토마토 냄새가 나네?"

토마토 냄새를 맡는 꽃님이를 보고 아빠가 소리 없이 웃었습니다. 잠시 후 엄마는 호미로 토마토 근처의 땅을 들썩들썩하게 파더니 콩과 아욱씨를 새로 심었습니다.

"토마토 옆에 콩을 심어 주면 서로 잘 자란대. 또 쑥갓 옆에는 청경채, 시금치 옆에는 강낭콩, 옥수수 옆에는 오이를 심는 게 좋대. 서로 궁합이 잘 맞는다나?"

엄마의 말에 아빠가 대꾸했습니다.

"우리 둘처럼 말이야?"

꽃님이가 한숨을 내쉬며 말했습니다.

"에휴, 못 말려······."

밭에서 돌아올 때 엄마 손에는 신문지로 감싼 꽃 한 묶음이 들려 있었습니다. 밭에서 잘라 온 청경채꽃과 고수꽃이었습니다. 그 뒤로 며칠 동안, 투명한 유리병에 담긴 꽃들이 아파트 베란다에 둔 작은 탁자 위에서 바람에 가만가만 흔들렸습니다.

궁합이 잘 맞는 식물들

어떤 식물들은 함께 심으면 서로 양분을 나누고 병충해도 막아 준대. 이렇게 궁합이 잘 맞는 식물은 무엇무엇인지 한번 알아볼까?

토마토와 찰떡궁합! 콩, 대파, 마늘, 양파, 가지
피망과 찰떡궁합! 강낭콩, 참깨
오이와 찰떡궁합! 마늘, 양파, 바질, 옥수수
수박과 찰떡궁합! 마늘, 파, 부추
옥수수와 찰떡궁합! 콩과 식물, 오이
강낭콩과 찰떡궁합! 시금치, 당근
호박과 찰떡궁합! 대파, 부추
양배추와 찰떡궁합! 상추, 토마토, 샐러리
쑥갓과 찰떡궁합! 청경채

키 큰 식물과 키 작은 식물을 섞어 심는 것도 좋대!

 ## 어린이 농부를 위한 텃밭 이야기

⊙ 마법의 식물, 콩!

농사를 짓는 땅이 아닌데도 풀이 잘 자란다면 좋은 땅이라는 증거야. 특히 살갈퀴, 냉이, 자운영같이 부드럽고 순한 풀이 많이 난 곳은 비옥한 땅이란다. 이런 땅에서는 어떤 채소든지 기를 수 있어.

풀뿌리 근처에는 그 풀을 좋아하는 미생물이 모여든대. 땅에 모인 미생물의 종류가 다양하면 할수록, 그 땅에 심은 작물도 병충해 없이 튼튼하게 자라. 그러니까 여러 종류의 들풀이 자라는 땅이라면 작물도 다양한 미생물의 도움으로 잘 자랄 수 있다는 뜻이지. 이런 땅은 온갖 미생물이 활발하게 활동하기 때문에 땅이 거무스름하고, 발로 밟아 보면 부드럽고 푹신푹신하단다.

그런데 오랫동안 비료를 남용했거나 잡초와 병충해를 없앤다고 농약을 사용한 땅은 어떨까? 이런 땅에는 풀이 다양하게 자라지 않고, 흙도 딱딱하고 윤기가 없으며, 갈수록 더 척박해진단다.

이렇게 척박한 땅을 기름진 땅으로 바꾸어 주는 마법의 식물이 있어. 바로 콩이야. 콩을 심어 놓으면 콩 뿌리를 특히 좋아하는 미생물들이 모여든대. 콩의 뿌리 부분에는 '뿌리혹박테리아'가 주렁주렁 생겨나는데, 뿌리혹박테리아는 식물이 잘 자라는 데 꼭 필요한 질소를 공급해 주는 천연 비료의 역할을 해.

겉흙이 굉장히 딱딱하고 척박한 땅에 2, 3년 정도 콩을 심어서 가꾸면, 질소 영양분이 풍부한 기름진 땅으로 바뀐단다. 흙에 사는 풀의 종류가 점차 많아지고 생명 활동이 왕성해지지. 정말 마법 같은 일이지?

여름은 축제

1. 잡초 혹은 들풀

6월 5일, 영상 28도

 멀리서 보면 안개꽃처럼 보이는 개망초가 여기저기 잔뜩 피어나기 시작했습니다. 꽃님이가 밭으로 오는 길에 보니 물을 채운 논에서 모내기를 하는 모습도 보였습니다. 아빠 말로는 오늘이 망종인데, 모를 심고, 보리 베기를 하기에 적당한 절기라고 합니다.
 오늘 꽃님이네는 특별히 훈이네와 함께 밭에 왔습니다. 작은 밭에 사람이 여섯 명이나 둘러서 있으니 밭이 더 작아 보였습니다.
 "이야, 여기가 꽃님이네 코딱지 밭이구나? 그런데 밭에 잡초가 왜 이렇게 많아? 내가 좀 뽑아 줄까? 이래 봬도 내가 농부의 아들이거든."
 훈이 아빠가 풋말과 밭을 둘러보며 말했습니다.
 "아니, 아니, 잡초 그냥 놔둬. 잡초도 농사에 도움이 된대. 잡초 뿌리가 작물의 뿌리보다 땅속으로 더 깊이 파고 들어가서 땅속에 공기가 들락거리게 도와준다나?"

꽃님이 아빠의 말에 훈이 아빠가 대꾸했습니다.

"그게 무슨 소리야? 잡초가 많으면 땅에 영양분이 부족해져서 작물이 잘 안 자란다고. 여름 되어서 잡초가 더 무성해지면 애써 심어 놓은 작물이 다 시들해지지."

꽃님이 아빠가 고개를 갸웃하며 말했습니다.

"글쎄, 내가 요즘 자연 농법에 대해 쓴 책을 봤는데, 잡초 때문에 작물이 잘 안 자란다는 건 고정 관념이라는 거야. 요즘은 잡초를 저절로 생기는 풀, 즉 '자생초'나 들풀이라고 부르기도 하거든. 아무튼 들풀도 농사에 도움을 준대. 나는 왠지 그 말에 믿음이 가."

꽃님이 엄마가 밭 옆에 쭈그려 앉아 봉지 가득히 채소를 뜯다가 말했습니다.

"에구, 이 양반들이 잡초 논쟁하느라 일도 안 하네?"

훈이 엄마도 얼른 한마디 거들었습니다.

"호박 심는다면서요? 얼른 호박 구덩이 좀 파세요."

훈이 아빠와 꽃님이 아빠는 부인들의 타박에 머쓱해졌습니다. 훈이 아빠가 먼저 꽃님이 아빠에게 어색한 표정으로 말했습니다.

"잡초가 도움이 된다는 말은 처음 들어보는데? 아무튼 밭 주인이 그렇다면 그런 거겠지? 나 어릴 때는 밭에 가서 풀 뽑다 보면 여름 방학이 다 지나갈 만큼 풀매기를 열심히 했거든. 그때는 애초에 누가 작물과 잡초를 구분해서 나를 이렇게 고생시키나 싶었어."

꽃님이 아빠가 웃으며 대꾸했습니다.

"하하, 그렇지. 들풀도 해충도 다 사람이 자기 입에 맞는 것만 원하기 때문에 만들어진 거야. 사실은 다 소중한 이 지구 위의 생명이지. 그래도 우리 밭에 들풀이 많아지면 옆 밭 농부님들이 싫어할까 봐 눈치가 보이긴 해. 옆 밭은 봄부터 들풀 하나 없이 관리하고 있거든. 훈이 아빠가 적당히 봐서 작물보다 더 크게 자란 들풀이나 작물 바로 가까이에 난 들풀만 좀 뽑아서 그 자리에 덮어 줘. 내가 호박 구덩이를 팔게."

아빠는 일부러 잡초라는 말 대신 들풀이란 말을 사용하며 부드러운 어투로 말을 건넸습니다. 아빠들의 잡초 혹은 들풀 논쟁은 이렇게 역할 분담으로 끝났습니다. 훈이 아빠는 팔을 걷어붙이고 눈에 띄게 자란 들풀을 낫으로 베어 내고, 작물 가까운 곳에 난 풀은 뿌리까지 뽑아내기도 했습니다.

꽃님이 아빠는 밭 가장자리에 호박 구덩이를 깊이 파기 시작했습니다. 바쁜 손길로 쑥갓을 따던 훈이 엄마가 꽃님이 아빠를 쓱 쳐다보며 물었습니다.

"호박 심기는 너무 늦은 거 아니에요? 다른 밭은 보니까 진즉 호박을 심었던데요?"

다른 밭은 일찌감치 호박을 심어서인지 벌써 덩굴이 뻗어 올라가거나 땅 옆으로 길게 뻗어 갔습니다. 꽃님이 아빠가 이마에 맺힌 땀을 닦으며 대답했습니다.

"예, 좀 늦긴 했어요. 그런데 호박은 가을까지도 열매를 맺는다고 하니까 좀 늦었지만 여러 개 심어 보려고요."

꽃님이 엄마는 이미 꽃이 피고 잎이 쇠어 가는 청경채와 고수, 갓을 그대로 둘 수는 없어서 결국 뿌리째 뽑다가 불쑥 말했습니다.

"호박 모종은 두세 개만 심어도 된다는데 너무 많이 심는 거 아니야?"

꽃님이 아빠는 엄마 말을 들은 체 만 체하며 구덩이에 호박 모종을 심기 시작했습니다. 대신 훈이 엄마가 옆에서 말했습니다.

"호박 많이 자라면 호박잎 따서 쌈으로 먹으면 돼. 여름철에 아주 별미야. 그나저나 애들이 어디 갔지?"

꽃님이 엄마가 무심히 대답했습니다.

"애들이 어디 멀리 갔겠어? 여기서 거기지."

훈이와 꽃님이는 두 아빠가 말을 주고받는 사이에 어디선가 나타난 흰 나비를 따라다니며 놀았습니다. 나비를 놓치고는 무작정 밭고랑 사이를 뛰어다녔습니다. 훈이가 갑자기 달리기를 멈추었습니다. 그러고는 꽃님이를 손짓해서 불렀습니다. 훈이가 코에 검지를 갖다 대며 낮은 목소리로 말했습니다.

"어, 이것 좀 봐. 무당벌레야. 책에서 봤는데 실제로 보는 건 처음이야."

꽃님이가 가까이 가 보니, 주홍빛 딱지날개에 검은 점이 가득한 무당벌레가 노란 쑥갓 꽃봉오리에 앉아 있었습니다.

"우아, 예쁘다."

꽃님이가 손끝으로 잡으려 하자 작은 무당벌레는 파르르 몸을 떨며 간신히 날갯짓하며 도망갔습니다.

"여기 좀 봐, 달팽이도 있어."

훈이가 쑥갓 옆에 심긴 상추 속을 가리키며 말했습니다.

"엇, 달팽이가 여기도 있네? 우리 밭에도 달팽이 있어."

꽃님이가 쭈그려 앉아 상추 속을 자세히 들여다보고는, 다시 말을 이었습니다.

"달팽이가 똥 싸나 봐. 상추 속에 검은 띠 같은 게 보여. 히힛."

훈이도 꽃님이 옆에 쭈그려 앉으며 말했습니다.

"우아, 달팽이가 똥 싸는 모습은 처음 봐. 히힛."

꽃님이와 훈이는 달팽이를 정신없이 들여다보았습니다. 그사이 해는 서편 하늘을 붉게 물들였습니다.

어린이 농부를 위한 텃밭 이야기

◉ 들풀아, 네 이름은 뭐니?

여름철에는 작물도 쑥쑥 크지만, 들풀은 더 쑥쑥 자라나지. 한여름 밭에 어느새 훌쩍 자란 들풀 때문에 농사짓는 이들은 골치가 아프다고 해. 그래서 들풀을 미워하는 사람들도 있어. 하지만 들풀에 대해 이해하고 나면 우리 마음도 달라지지 않을까? 여름철 밭둑과 들에 무슨 풀이 많이 자라는지 한번 알아보자.

♠ **환삼덩굴**: 들이나 빈터에 흔하게 자라는 덩굴성 한해살이풀이야. 5월부터 슬슬 자라서 6월 말부터는 걷잡을 수 없이 커 나가며 무엇이든 칭칭 감기 시작하지. 7, 8월에 가장 왕성하게 자란단다. 잎의 가장자리에는 톱니 모양이 규칙적으로 나 있고, 양면에 거친 털이 나기 때문에 베어 내기도 쉽지 않아. 한방에서는 고혈압 약재로도 쓰인대.

♠ **명아주**: 밭이나 길가, 빈터, 강둑에서 흔하게 무리 지어 자라는 한해살이풀로, 잎 뒷면이 흰색 가루로 덮여 있어. 본줄기는 붉은빛을 띠면서 어른 키보다 높이 자라고, 굵고 곧게 선단다. 예전에는 가을철에 명아주 줄기를 뿌리째 뽑아서 삶고 말린 후 어르신들 지팡이로 쓰기도 했대. 잎은 삼각형 모양으로 가장자리가 톱니 모양이야. 어린잎은 자줏빛인데, 자라면서 짙은 녹색으로 변해.

♠ **개비름**: 여름철 밭둑과 들에서 흔히 나는 풀로, 무릎 높이까지 자라나지. 잎이 부드럽고 털이 거의 없어. 예전에는 어린순을 나물로 먹거나 죽에 넣어 먹었대. 비린내가 좀 나지만 맛있는 양념으로 무치면 시금치를 대신하는 훌륭한 나물이 된단다.

♠ **바랭이**: 바랭이는 볏과 식물로 한국이 원산지야. 밭둑이나 길가 어디서나 잘 자라는 한해살이풀이지. 줄기 밑부분이 땅 위를 기면서 자라고 마디에서 뿌리가 나와. 연녹색의 길쭉하고 뾰족한 잎이 여러 개 나고, 7, 8월에 줄기 끝이 너덧 개로 갈라지면서 이삭이 달려.

♠ **강아지풀**: 여름부터 가을까지 흔히 자라는 볏과 식물이야. 뿌리에서 줄기들이 꼿꼿하게 올라와서 무릎 높이까지 자란단다. 7, 8월이면 강아지 꼬리처럼 털이 많이 난 이삭이 주렁주렁 달려. 강아지풀 이삭으로 친구들과 서로 간지럽히며 장난을 칠 수도 있지! 옛날에는 흉년이 심할 때 강아지풀 이삭을 털어서 죽을 쑤어 먹기도 했대.

2. 도대체 언제 자라는 걸까?

6월 26일, 아침부터 무척 더움, 영상 26~30도

요사이 기온이 크게 올라 꽃님이는 아침부터 땀이 났습니다. 이불을 걷어차고 선풍기 바람을 쐬려고 버튼을 누르는 순간 거실에서 아빠가 대뜸 소리치는 목소리가 들렸습니다.

"여보, 꽃님아, 낮에 가면 더우니까 지금 밭에 다녀올까?"

꽃님이 아빠는 밀짚모자를 챙기고, 엄마는 모자에다 양산까지 챙겼습니다.

6월 중순이 지나자 밭의 푸른빛은 더욱 짙어졌습니다. 들풀이 훨씬 무성해지고, 여러 작물도 이에 질세라 훌쩍 자랐습니다. 밭 입구에 피어난 개망초는 희다 못해 보랏빛을 띠며 더욱 무성해졌습니다. 주말농장 안에 들어서니 쑥갓꽃이 노랗게 핀 밭도 있고, 상추 줄기가 올라와 어른 키만큼 자란 밭도 눈에 띄었습니다.

"엄마, 이건 상추가 아니라 상추 나무 같아요."

꽃님이가 키 큰 상추를 올려다보며 말했습니다.

"진짜 그러네? 상추 나무에 노란 꽃이 잔뜩 피었어. 상추꽃은 처음 봐."

엄마가 대꾸했습니다.

"이 밭은 우리보다 상추를 먼저 심었어. 게다가 지난주에는 비가 두 번이나 왔잖아. 그래서 훌쩍 컸나 보네."

아빠가 말했습니다.

꽃님이네는 아침부터 쨍쨍 기세를 올리는 태양을 피해 일단 천막 아래로 들어갔습니다. 지난번에 심은 호박이 덩굴손을 더듬으며 자기 영토를 늘려 가는 모습이 한눈에 보였습니다. 5월에 꽃님이가 뿌린 백일

홍 씨앗이 밭 한쪽에서 푸른색 줄기와 잎을 키워 나가는 모습도 보였습니다. 유리컵에서 순을 키워서 밭에 옮겨 심은 고구마도 엄청 자랐습니다. 이제 고구마 줄기를 따서 나물이나 김치를 해 먹어도 될 정도로 무성해졌습니다. 토마토 옆에 심어 놓은 콩도 연초록빛 잎을 잔뜩 달고 무릎 높이보다 더 크게 자라났습니다.

"이야! 우리 밭에 심은 작물이 다 잘 자라고 있어."

꽃님이 아빠가 말했습니다.

"일주일에 한 번 올 때마다 채소를 싹 다 따 오는데, 일주일 후면 어김없이 이만큼이나 넓적한 이파리가 또 나 있어. 너무 신기하다. 대체 이 식물들은 언제 자라는 걸까?"

꽃님이 엄마가 감탄하듯이 말했습니다.

"비가 오는 날 한꺼번에 쑥쑥 자라는 거 아닐까요?"

꽃님이가 엄마를 올려다보면서 말했습니다.

"그런가? 우리가 안 볼 때 서로 키 크기 시합이라도 하나?"

엄마가 실눈을 뜨고 하늘을 올려다보며 이야기했습니다. 아빠는 대답 없이 흐뭇한 미소만 지었습니다. 곧이어 세 식구는 모자를 챙겨 쓰고 천막을 나와 코딱지 밭으로 들어갔습니다.

꽃님이는 늘 그러듯 토마토 순을 똑똑 따고 나서 물뿌리개를 들고 근처 도랑으로 향했습니다. 그러다 노란 상추꽃 위에 호랑나비가 내려앉는 모습을 보고, 오늘은 기필코 나비를 잡겠다며 한 손을 뻗었습니다. 호랑나비는 살짝 날아올라 키 큰 옥수수 사이로 사라졌습니다. 꽃님이도 호랑나비를 따라 옥수수밭 사이로 달려갔습니다.

꽃님이 엄마와 아빠는 빨갛게 익기 시작한 방울토마토를 따고, 고추도 따고, 상추와 깻잎, 쑥갓 등 쌈 채소도 잔뜩 땄습니다.

"우리 오늘 저녁에 파티 할까? 훈이네도 부르고."

꽃님이 엄마가 아빠에게 말했습니다.

"당신, 손님 오면 번거롭고 어수선해서 싫다 했잖아? 아, 참! 오늘 식사 당번은 나네? 손님 초대할 실력은 안 되는데……. 어쩌지?"

꽃님이 아빠가 고춧잎을 따면서 곤혹스러운 표정으로 말했습니다.

"아유, 걱정 마. 내가 도와줄게. 이 많은 채소를 어쩔 거야? 많이 먹어서 처리해야지. 그리고 뭐, 훈이네가 손님인가? 이웃사촌이지."

꽃님이 엄마는 아빠를 향해 눈을 찡긋해 보이다가 다시 바쁘게 손을 놀려 채소를 땄습니다. 그때 꽃님이가 물을 반쯤 채운 물뿌리개를 들고 불쑥 나타나 숨찬 목소리로 말했습니다.

"엄마, 훈이네 온다고? 우아, 신난다!"

아빠가 헉헉거리는 꽃님이 입에 잘 익은 방울토마토 한 알을 넣어 주며 말했습니다.

"다들 좋다니 나도 좋네. 허허."

꽃님이 입안에서 토마토의 다디단 속이 톡 터지는 소리가 났습니다.

 # 어린이 농부를 위한 텃밭 이야기

⊙ 밭에는 무슨 곤충이 살까?

밭에는 신기한 곤충들이 함께 살고 있어. 땅을 파다가 불쑥 나와서 사람을 깜짝 놀라게 하는 지렁이도 있고, 상추 같은 잎채소에 붙어 집까지 따라오는 달팽이도 있고, 잎을 똘똘 말아서 그 안에 숨어 사는 애벌레도 있고 말이야. 이 애벌레가 크면 나방이 되어 날아다니기도 하지. 생긴 것도 다 다르고, 습성도 다른 곤충은 알면 알수록 참 재미있어.

🌱 **달팽이**: 달팽이는 초봄부터 가을까지 밭에서 자주 만나는 곤충이야. 연체동물이라서, 보통은 딱딱한 껍데기 속에 숨어 있다가 활동할 때는 말랑말랑한 몸이 껍데기 밖으로 삐죽 나온단다. 달팽이는 온갖 풀을 다 좋아하고 식욕도 왕성해.

달팽이는 농작물을 야금야금 갉아 먹는 해충으로 취급받지만, 달팽이가 풀을 먹고 싸는 똥은 풀잎과 흙에 섞여 들어가 농사에 도움이 될 수 있어. 달팽이가 너무 많아지면 잡아 주어도 좋지만, 어느 정도는 밭에 그대로 두어도 괜찮아.

🌱 **지렁이**: 지렁이는 흙의 건강을 지키는 파수꾼이야. 식물의 찌꺼기나 동물의 똥을 흙과 함께 먹어 대지. 동물의 똥이나 식물의 잎은 그 자체로는 토양에 바로 흡수되지 않아서 영양분으로 쓰이기 힘들어. 지렁이가 이들을 먹어서 소화시키고 똥을 싸면 이 똥이 흙을 살리는 거야. 지렁이 똥을 '분변

토'라고 부르는데, 거름 성분이 가득 들어 있단다. 지렁이가 적당히 사는 땅은 영양분이 많고 폭신하고 부드러워서 어떤 작물이라도 잘 자라지.

♠ **진딧물**: 진딧물은 5밀리미터 정도 크기로, 아주 작은 곤충이야. 색깔은 갈색이나 녹색을 띠는 경우가 많아. 풀의 줄기와 새싹, 잎 등에 모여 살면서 식물의 즙을 빨아 먹기 때문에 작물을 해치기도 하지. 진딧물이 심할 때는 목초액이나 EM 발효액, 혹은 물에 희석한 식초를 밭에 뿌려서 진딧물을 죽이기도 한단다.

♠ **무당벌레**: 주황색을 띠는 무당벌레의 딱지날개에는 검은색 점박이 무늬가 촘촘히 나 있어. 무당벌레는 주로 진딧물을 잡아먹기 때문에 농작물에 도움이 된단다. 진딧물이 보이더라도 무당벌레가 살고 있는 밭이라면 크게 걱정하지 않아도 돼.

♠ **나비와 나방**: 나비목에 속하는 곤충은 나비과와 나방과로 구분할 수 있어. 나비와 나방은 비슷해 보이지만 서로 다르단다. 나비는 날개를 접고 앉고, 나방은 날개를 펴고 앉아. 나비의 더듬이는 가느다란 곤봉 모양인데, 나방의 더듬이는 두껍지. 나비와 나방은 꽃꿀이나 과일즙, 나무즙, 이슬 등 액체로 된 것을 빨아 먹어. 꽃가루를 옮겨 주어 식물이 열매를 맺는 데 도움을 줘. 하지만 나비와 나방이 애벌레일 때는 여러 식물의 잎을 먹어치우니까 농작물을 해치는 해충으로 여겨지지. 특히 배추흰나비의 애벌레는 배추, 무, 양배추 잎을 좋아하기 때문에 봄가을에 밭에서 흔하게 볼 수 있어. 잎맥만 남기고 모두 먹어 치워서 작물에 피해를 준단다. 나비와 나방의 천적은 개구리, 새, 거미, 사마귀 등이 있어.

♠ **거미**: 절지동물에 속하는 거미는 농작물에 해를 끼치는 곤충을 잡아먹는 이로운 동물이야. 또 파리, 모기 등을 잡아먹기도 하지. 만약 밭에 거미

줄이 있다면 해충으로부터 밭을 지키는 파수꾼이 있는 셈이야. 거미는 엄청난 양의 곤충을 잡아먹으며 살기 때문에 농사에 도움이 된단다.

♠ **개미**: 개미는 땅 위에서 볼 수 있는 가장 흔한 곤충이야. 풀씨, 나뭇잎, 죽은 곤충 등 아무거나 가리지 않고 개미굴로 가져가지. 우리나라에 많이 사는 검정왕개미는 진딧물의 단물도 좋아해. 이 개미는 농작물에 해를 끼치는 진딧물과 서로 도우며 살아간대. 그러니까 개미가 밭에 보이면 농부들이 좋아하지 않지. 밭에 개미가 지나치게 많으면 작물이 축 처지면서 시들시들해지거든. 4, 5월에 밭에 개미가 많이 보이더라도 너무 걱정 마. 여름이 되면 밭이 무성해지면서 개미가 눈에 띄게 줄어들기도 하거든.

3. 호박을 위하여

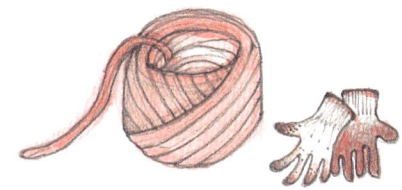

7월 3일, 오전부터 날씨 흐리고 후텁지근함, 영상 27도

 지난 목요일 오후부터 장맛비가 쏟아졌습니다. 개수대 위쪽 창문에 비가 들이쳤습니다. 엄마는 설거지를 하며 혼잣말로 중얼거렸습니다.
 "비가 너무 많이 오네. 밭은 괜찮을까?"
 엄마의 작은 목소리를 들은 꽃님이가 대꾸했습니다.
 "엄마, 비 그치면 밭에 한번 가 볼까요?"
 "그래, 그러자. 새로 심어 놓은 호박이랑 푸성귀가 물에 빠져 죽지 않을지 걱정된다······."
 일요일 오전이 되어서야 장맛비가 그쳤습니다. 꽃님이네 식구들은 아침밥을 먹은 후 바로 밭으로 갔습니다. 생명력 강한 들풀이 흙을 꼭 붙들어 주었는지 밭작물은 생각보다 멀쩡해 보였습니다. 그런데 밭고랑 쪽으로 줄기를 뻗은 호박잎에 뿌연 흙이 묻어 있었습니다. 장맛비가 많이 왔을 때 밭고랑에 흙물이 가득 찼던 모양입니다. 아빠가 밭고랑에

서서 이 모습을 보고는 꽃님이에게 말했습니다.

"비가 오면 흙은 물을 흡수해서 지하로 내려보내거든. 하지만 비가 너무 많이 오거나 흙이 너무 단단하면 물을 다 흡수하지 못할 수도 있어. 그러면 흙도 다 물에 잠겨 버린대."

꽃님이가 고개를 끄덕이며 대꾸했습니다.

"우리 밭 흙은 비가 많이 내려도 물을 잘 흡수한 거죠? 우리 코딱지 밭, 최고!"

잠시 후 꽃님이 아빠는 못 쓰는 빨래 건조대를 호박 심은 쪽 밭고랑으로 옮겼습니다.

"호박 지지대를 만들어 줄 거야."

아빠는 빨래 건조대를 사방으로 펼친 후 움직이지 않도록 네 귀퉁이를 땅에 단단히 고정하고, 노끈으로 빨래걸이 사이사이를 얼기설기 엮었습니다. 그러고는 호박이 빨래 건조대 쪽으로 덩굴을 올릴 수 있게 호박 덩굴 끝을 노끈에 감아 주었습니다. 그 모습을 지켜보던 꽃님이가 엄마에게 말을 건넸습니다.

"빨래 건조대에 호박이 주렁주렁 열린 모습을 상상만 해도 기분이 좋아요! 어떻게 이런 생각을 했어요?"

푸성귀를 따느라 부지런히 손을 놀리던 엄마가 대답했습니다.

"재활용 버리는 날 빨래 건조대가 있기에 호박 덩굴 지지대로 쓰면 어떨까 싶었어. 내가 좀 생각이 깊잖아?"

"일이 많긴 하지만 이 위에 큼지막한 호박이 달릴 걸 생각하니 하나도 힘들지가 않네. 허허허."

아빠는 너털웃음을 터뜨렸습니다.

쌈 채소는 여전히 싱싱하게 잘 자라서 꽃님이 엄마와 꽃님이가 힘을 합해 실컷 뜯었습니다. 상추, 쑥갓, 치커리, 깻잎만 따도 큰 봉지로 가득 두세 개가 나올 정도로 수확물이 많았습니다. 고추도 여러 개 땄습니다. 가지에도 열매가 달리기 시작했습니다.

한편 꽃님이는 토마토 줄기를 지지대와 연결하여 끈으로 묶어 주었습니다. 줄기가 더욱 잘 뻗을 수 있게 하려고요. 큰 토마토 줄기에는 통통하고 큼지막한 연둣빛 열매가 달렸습니다. 무척 따고 싶었지만, 아빠는 밭에서 빨갛게 익은 후에 따 먹어야 더 맛있다고 그냥 두자고 했습니다.

후텁지근한 날씨에 온몸에 열이 오르는 듯 더워졌습니다. 본격적인 더위가 시작되는 소서 무렵이라서 그런지 습도도 높아서 쉬이 지쳤습니다.

"에고, 힘들어. 그늘에서 좀 쉬었다가 해야겠어."

꽃님이 엄마는 일손을 털고 일어나 천막 아래로 들어가며 말을 이었습니다.

"식물이 더욱 무성해지는 시기라서 일손은 더 필요한데, 날이 더워서 일하기가 쉽지 않네?"

최근에는 밭을 보러 나온 사람들이 그리 많지 않습니다. 밭 주인이 안 나온 다른 밭을 살펴보니 상추꽃, 쑥갓꽃, 도라지꽃 등이 지천으로 피어났습니다. 밭고랑 사이사이에는 성장이 더욱 빨라진 바랭이와 강아지풀이 잔뜩 돋아났습니다. 밭고랑에 반바지 차림으로 서서 토마토 순을 따는 꽃님이를 보며 꽃님이 아빠가 말했습니다.

"꽃님아, 조심해. 풀독 오를라."

꽃님이 아빠는 농사짓는 사람들이 들풀을 귀찮아하고 미워하는 까닭을 알 것도 같습니다. 들풀은 무서울 정도로 빨리 자랍니다. 조금만 관리가 허술해도 밭에 가득가득 자신의 영토를 넓혀 갑니다.

잠시 후, 꽃님이 아빠와 엄마는 작물 바로 옆에 자란 들풀만 뽑아서 그 자리에 눕혀 놓았습니다. 그때 위쪽 밭에서 농사짓는 아저씨가 농기구를 천막으로 가져다 놓으러 꽃님이네 밭을 지나쳐 갔습니다. 아저씨는 꽃님이 아빠보다 열 살쯤 더 들어 보이는데, 마른 체구에 특히 이마 주름이 굵었습니다. 농기구를 가지러 왔다 갔다 하면서 코딱지 밭을 지나칠 때마다, 무뚝뚝한 말투로 뭐라고 한마디씩 하곤 했는데, 꽃님이네 식구들은 입안에서 웅얼거리는 것 같은 아저씨 말이 잘 들리지 않아서 그동안은 별로 신경 쓰지 않았습니다. 그런데 오늘따라 아저씨 말이 잘 들려왔습니다.

"쯧쯧, 잡초를 뭘 그렇게 아껴서 뽑아요? 뽑는 김에 싹 다 뽑아 버려야지요. 쯧쯧."

꽃님이 아빠가 일어서며 뭐라고 대꾸하려는 순간 하늘에서 비가 후드득 떨어지기 시작했습니다. 꽃님이네는 서둘러 일을 마무리하고 빗방울을 맞으며 차로 돌아갔습니다. 차 안에서 수건으로 머리카락을 닦으며 엄마가 말했습니다.

"아저씨는 들풀은 무조건 다 뽑아 버려야 한다고 생각하시나 봐."

아빠가 자동차에 시동을 걸며 대꾸했습니다.

"농부들 대부분이 오랫동안 그렇게 농사를 지어 왔기 때문이야. 아무튼 우리는 들풀도 생명이고, 들풀과 함께 자라야 작물도 건강하다는 새로운 생각을 농사에 적용해 보는 거야."

 꽃님이가 고개를 끄덕이며 말했습니다.

 "우리 코딱지 밭, 왠지 더 멋진 듯!"

 # 어린이 농부를 위한 텃밭 이야기

⦿ 들풀도 농사에 도움이 될까?

농사짓는 사람들은 대개 들풀을 골칫거리로 여기지. 하지만 들풀이 밭에 자라면 좋은 점도 있다는 걸 알고 있니? 들풀은 흙을 꽉 잡아 주어 홍수 피해를 막기도 하고, 흙을 더 건강하게 만들어 주기도 해.

자연 농법으로 농사짓는 사람들은 들풀을 두려워하지 않고, 오히려 이를 이용해 흙을 더욱 기름지게 만든단다. 비료를 쓰지 않고 흙을 더욱 기름지게 만드는 방법은 흙 위에 '주검의 층'이 생기도록 하는 거야.

주검의 층은 여러 종류의 풀과 벌레가 죽어서 썩어 가면서 흙 위에 쌓이는 부분을 가리켜. 풀과 벌레가 태어나고 자라고 죽는 순환을 거듭하게 되면, 흙 위에 자연스럽게 주검의 층이 생겨나거든. 이 주검의 층은 흙보다 촉촉하고 공기도 더 잘 통한단다.

들풀이 크게 자랐을 때 들풀을 베어서 땅 위에 덮어 두기를 반복하는 방법으로 주검의 층을 계속해서 쌓을 수 있어. 주검의 층이 쌓이면 논밭은 더욱 풍요로운 생명의 무대로 바뀌어 간단다.

특히 6~8월에는 들풀이 굉장히 빠르게 자라서 작물보다 키가 커져. 들풀의 키가 훌쩍 자라면 그 아래 작물은 시들해지기 쉽단다. 이때 들풀을 베 주면 좋아. 낫으로 들풀의 밑동을 잘라 주는 거야. 잘라 낸 들풀은 베어 낸 그 자리에 눕혀 놓는 게 좋대. 눕혀 놓은 풀이 마르면서 땅 위에 층을 형성하게 되면, 흙이 수분을 유지하는 데 도움이 되고, 각종 병충해를 막는 데에도 효과가 있단다.

'주검의 층'이 땅에게는 다시 태어나게 하는 '생명의 층'이구나.

4. 땡볕과 장마를 견디고

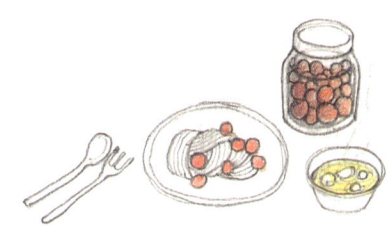

7월 23일, 덥고 습하다가 저녁때 비가 내림, 영상 30도

　7월에는 30도가 넘는 폭염과 100밀리미터 넘게 쏟아지는 장맛비가 번갈아 계속되었습니다. 날씨 변덕이 심해서 밭에 나가기가 겁날 정도였습니다. 꽃님이네는 코딱지 밭의 한여름 풍경이 어떠할지 몹시 궁금했지만, 악천후 때문에 선뜻 밭에 가지는 못했습니다.

　꽃님이네 밭 가까이에는 키 큰 나무가 없기 때문에 땡볕이 쏟아지면 밭작물은 볕을 고스란히 받아들일 수밖에 없습니다. 큰비가 내릴 때도 밭 흙이 떠내려가거나 작물이 피해를 입지 않을까 걱정이 되었습니다.

　드디어 비가 오지 않는 토요일이 되었습니다.

　"며칠 전에 비바람이 몰아쳤는데, 빨래 건조대가 쓰러지지 않고 잘 버티어 냈을까?"

　이래저래 날씨 때문에 걱정이 많던 꽃님이 엄마가 맨 먼저 밭두렁에 들어섰습니다. 결과는 대만족입니다. 꽃님이 엄마는 안도의 한숨을 내쉬며, 새들이 날다가 지지대 위에 앉아서 쉬었다 가는 모습을 바라보았습니다.

나비가 팔랑거리고 무당벌레는 반짝거리는 7월의 밭은 모든 것이 아름답습니다. 작물이든 들풀이든 상관없이 모든 식물에게 여름은 최고의 계절인 듯합니다. 땡볕과 장마를 견디어 낸 식물들이 꽃을 피워 올리고 씨앗을 맺기 시작했습니다.

하지만 텃밭을 가꾸는 사람한테 한여름은 무척 고통스러운 계절입니다. 특히 7월 중하순은 가만히 있어도 땀이 납니다. 일 년 중 더위가 가장 심하다는 대서 무렵이기 때문입니다.

"에고, 이게 무슨 고생이람."

호박잎 몇 장 따지도 않았는데 꽃님이 엄마의 등은 금세 땀으로 젖고, 이마와 볼이 붉어졌습니다. 아침저녁으로 선선한 때가 아니면 밭에 나가 간단한 수확을 하기도 힘들 정도로 땀이 줄줄 흐릅니다. 꽃님이 아빠는 일을 시작하기도 전에 땀으로 목욕을 한 것 같습니다.

"야! 맹렬하다, 맹렬해. 여름철 식물이 자라는 모습이 무서울 지경이네. 모기는 또 왜 이리 극성이고."

아빠가 오른 손바닥으로 왼팔에 앉은 모기를 찰싹 때리며 말했습니다. 그사이 엄마가 호박잎 몇 장을 더 따서 봉지에 담고는, 한숨을 쉬며 말했습니다.

"호박이 밭을 점령했어. 이파리가 어찌나 큰지 널찍한 연잎 같네. 그러니까 호박 모종은 두어 개만 심자고 했잖아?"

꽃님이 엄마의 타박에 아빠는 머리만 긁적일 따름입니다.

상추, 쑥갓 같은 쌈 채소는 꽃조차 다 피어 버려서 먹을 만한 잎이 별로 없습니다. 대신 호박과 토마토, 콩, 아욱이 잘 자라고 있습니다.

"상추랑 쑥갓은 끝물이네. 오늘 수확하고 나면 더 나올 게 없겠어."

폭염과 장마 속에서 모든 식물이 맹렬한 기세로 자라났고, 들풀과 작물 모두 키가 커져서 들풀 사이를 뒤지며 작물을 찾는 수고를 해야 합니다. 꽃님이 엄마와 아빠가 들풀을 헤치며 어렵사리 채소와 콩꼬투리를 땄습니다. 채소는 한 줌밖에 수확하지 못했지만, 콩꼬투리는 큰 봉지에 가득 찼습니다.

"이 콩은 밥에 조금씩 넣어 먹으면 맛있겠어."

엄마가 콩꼬투리를 벗기고 콩알만 따로 봉지에 담으며 말했습니다.

오늘 꽃님이는 비교적 찾기 쉬운 호박을 수확하기로 했습니다.

꽃님이는 큼직한 어린 호박을 발견했습니다.

가위로 호박의 끝부분을 똑 따서 높이 들어올리며 아빠에게 말했습니다.

"아빠, 여기 호박 좀 봐요. 너무 커서 어른 호박이 되어 버렸어!"

아빠는 너털웃음을 터뜨리며 커

호박잎 따기

호박잎을 딸 때는 꼭 목장갑을 끼고 가위나 칼을 써야 해. 호박 줄기에는 가느다란 하얀 가시가 잔뜩 붙어 있기 때문에 맨손으로 따면 손끝이 아프거든. 호박 열매를 딸 때도 마찬가지로 반드시 장갑을 끼고 낫이나 칼로 줄기를 베어 내는 것이 좋지. 가지나 오이를 딸 때도 장갑과 가위를 이용하는 게 안전해.

호박잎을 딴 후에는 잎에 달린 줄기의 껍질을 되도록 빨리 벗겨 줘야 해. 시간이 지나면 촘촘히 가시가 박힌 줄기가 말라서 껍질 벗기기가 쉽지 않거든. 밭에서 호박잎을 따자마자 벗겨 주는 게 제일 좋아. 호박잎을 딴 지 하루 이상 지났다면 물에 30분 정도 담가 놓은 후에 벗기면 된단다.

다란 호박을 받아 안았습니다.

"하하하, 역시 호박은 수확하는 기쁨이 크다니까!"

엄마가 두 사람을 바라보며 하는 수 없다는 듯 고개를 가로저으며 말했습니다.

"이제 우리 토마토 다 따자. 그사이에 아주 잘 익었어."

짙은 푸른색을 띠며 위를 향해 갈래를 뻗어 가던 토마토 잎은 이제 더위에 지친 듯 아래를 향해 무거운 몸을 기울이기 시작했습니다. 무성한 토마토 잎 사이로 고개 내밀던 작고 노란 꽃들도 이제는 힘이 없어 보였습니다. 대신 아래쪽으로 어른 주먹보다 더 큰 빨간 토마토가 주렁주렁 달렸습니다. 꽃님이가 큰 토마토 열매를 톡 따면서 말했습니다.

"토마토가 엄청 커요. 우리 토마토로 뭐 해 먹을까요?"

"그냥 과일처럼 먹어도 되고, 요리에 넣어서 먹어도 되지."

엄마도 건너편에서 큼직한 토마토를 따며 대꾸했습니다. 꽃님이가 엄마에게 한쪽 눈을 찡긋하며 말했습니다.

"엄마, 나 갑자기 토마토 파스타 먹고 싶은데, 이 토마토로 만들어 주면 안 돼요?"

그날 저녁 꽃님이네 식구들은 수확한 토마토 중 모양이 덜 예쁜 토마토만 골라냈습니다. 엄마는 토마토에 십자 모양으로 칼집을 내고는, 뜨거운 물에 삶아서 건져 냈습니다. 껍질을 잘 벗긴 토마토를 잘게 다지고 냉장고 안에 있는 쇠고기, 버섯과 샐러리도 꺼내서 잘게 다졌습니다. 이렇게 준비한 재료에다 찧은 마늘과 소금, 후추 따위를 넣고 깊은 프라이팬에 기름을 두른 후 한참을 볶아 냈습니다. 토마토소스가 완성되었습니다!

　오늘 저녁에 쓸 분량만 남기고 깨끗한 유리 용기에 담아 두니 발그스름한 토마토소스 색깔이 정말 고왔습니다. 엄마가 숟가락에 묻은 소스를 꽃님이에게 내밀었습니다. 꽃님이가 혀끝으로 소스를 맛보았습니다. 소스는 새콤하면서도 깊은 맛이 났습니다. 꽃님이가 엄지손가락을 치켜올리며 말했습니다.

　"오! 정말 맛있어요! 엄마, 최고!"

　엄마가 슬며시 웃으며 깊은 냄비 속에서 끓고 있는 물에다 스파게티 면을 듬뿍 넣었습니다.

　잠시 후, 식탁 위에 주홍빛이 도는 토마토 파스타 세 접시가 올라왔습니다. 파스타 옆에는 호박잎과 아욱잎을 넣어서 끓인 된장국이 놓였습니다.

　"허허, 오늘 저녁에는 동서양의 만남이 이루어지는 건가?"

　아빠가 샤워를 마치고 나오며 반가운 미소를 지었습니다.

5. 정글이야, 밭이야?

8월 15일, 무척 더운 날씨, 영상 31~34도

　폭염주의보가 보름가량 계속된 8월은 날씨가 지독하게 덥습니다. 거의 보름 만에 소나기가 내렸습니다. 여름 내내 주황빛으로 빛나던 능소화가 이 비에 다 떨어지고 말았습니다. 가을 시작이라는 입추가 지난 지 일주일도 더 되었지만, 오늘도 여전히 후텁지근하니 덥기만 합니다.

　꽃님이네는 밭에서 폭염을 견디었을 작물들이 걱정되었습니다. 하지만 날씨가 하도 더워서 꽃님이와 엄마는 오늘 집에 있기로 하고, 꽃님이 아빠만 밭으로 향했습니다.

　"보름 동안 얼마나 또 많은 변화가 있었을까. 코딱지 밭에……."

　오랜만에 찾은 밭의 모습은 언제나 그랬듯 상상을 뛰어넘었습니다. 8월의 밭은 너무나 극성스럽습니다. 맹렬하게 자란 작물과 들풀은 이제 어른 키에 육박할 만큼 컸습니다. 밭이 아니라 밀림이나 정글이라고 해도 좋을 정도입니다.

봄부터 7월 말까지 식탁을 풍성하게 해 준 쌈 채소에는 꽃이 다 피었고, 더 이상 새잎이 나지 않습니다. 꽃이 다 피고 시들 때쯤 씨받이를 해야 하는데, 30도가 넘어가는 더운 날씨에는 꽃을 따는 일조차 쉽지 않습니다.

"올해 씨 받는 일은 포기해야겠다. 씨를 받는다 해도 건강하게 잘 자라지 못한다니까……."

꽃님이 아빠는 토종 씨앗 보존 운동을 펼치는 인터넷 사이트에서 읽은 내용을 떠올렸습니다. 처음부터 토종 씨앗을 구해서 기르면 건강한 씨앗을 얻을 수 있지만, 종묘상에서 파는 씨앗은 대물림이 잘되지 않는다고 합니다. 봄에 심은 쌈 채소 씨앗은 다 종묘상에서 파는 씨앗이었기 때문에 건강한 씨앗을 얻기 힘들 것입니다.

한편 6월 초순 뒤늦게 심은 호박은 밭을 완전히 차지하고 말았습니다. 고추도, 가지도 호박 덩굴에 감겨 버렸습니다.

"여기가 분명히 고추랑 가지 심은 자리인데……."

꽃님이 아빠가 정글을 헤치며 나아가 봤지만, 고추와 가지를 심었던 자리는 호박잎으로 뒤덮이고, 어른 키만큼 자란 들풀이 있을 뿐입니다. 아빠가 키 큰 들풀 사이에서 혼잣말을 했습니다.

"고추랑 가지 농사는 망했나 봐. 여름철에 하도 더워서 밭에 나올 수가 없었어……. 에구, 미안하다, 고추야, 가지야."

지난번에 왔을 때 잘 크고 있던 콩과 아욱도 잘 보이지 않습니다. 호박 덩굴 아래 깻잎 두어 그루가 예상외로 건강하게 자라고 있을 뿐입니다. 온통 호박 세상입니다. 그 와중에 고구마가 낮은 곳에서 기어다니

며 나 살아 있다고 외치는 듯합니다. 호박, 고구마, 그리고 생명력 강한 들풀처럼 더위를 잘 견디는 식물만이 성장에 기세를 올리고 있습니다.

이 정글 같은 밭에서 무언가를 채취한다는 것이 참으로 힘겹습니다. 꽃님이 아빠가 땀을 뻘뻘 흘리며 거둔 수확물은 호박잎, 호박, 콩, 고구마 줄기, 토마토 조금뿐입니다.

뜨거운 여름날 극에 달한 식물의 성장은 곧 멈추고 시들 것도 같습니다. 이전에는 없던 쇠한 이파리들이 하나둘 보입니다. 고구마잎은 벌레 먹은 듯 듬성듬성하고, 토마토 줄기도 시들해져서 열매가 기운 없이 축 처져 있습니다.

아빠는 남의 밭 영토까지 차지하러 나선 호박 줄기를 끄집어서 코딱지 밭에 도로 데려왔습니다. 온몸이 땀에 절었습니다. 머리가 핑핑 도는 것 같습니다. 더 하다가는 밭에서 쓰러질 것만 같았습니다.

"에구, 오늘은 그만해야겠다."

꽃님이 아빠가 낫을 걸어 놓고 급히 수확물을 챙겨 나오려는데, 머릿수건을 두른 옆 밭 할머니가 손짓으로 아빠를 불렀습니다. 할머니의 두 손에는 장딴지만큼 커다란 가지 세 개가 들려 있었습니다.

"우리는 많으니까 가져가서 잡수구려."

가지 농사 망했다고 꽃님이 아빠가 혼잣말한 걸 할머니가 들었나 봅니다. 아빠의 마음속에 고마움이 차올랐습니다.

"어이쿠 감사합니다. 저기, 이거 하나 드세요. 우리 밭에는 호박이 너무 많이 나서……."

아빠가 할머니의 두 손에 큼지막한 호박 하나를 얹어 주었습니다.

"워메, 호박이 튼실하구먼. 그런데 웬 잡풀을 이렇게 많이 키웠어? 늦어도 8월 말에는 밭 정리하고, 가을 농사 접어들어야 하는데…….”

할머니가 꽃님이 아빠한테 말하며 뒤돌아섰습니다. 그동안 들풀 뽑기를 부지런하게 한 할머니 눈에는 들풀을 방치한 듯한 꽃님이네 밭이 오히려 이상하게 보였나 봅니다. 특히 윗밭을 짓는 아저씨는 지나다닐 때마다 쯧쯧거리며 못마땅한 눈빛을 보내기도 했습니다. 그럴 때면 꽃님이 아빠는 일부러 큰 소리로 들풀이 땡볕과 장마를 견디게 해 준다고 말했습니다. 하지만 8월의 들풀 기세가 워낙 극성스러워서, 꽃님이 아빠도 이제는 어떡해야 하나 걱정이 되었습니다.

 # 어린이 농부를 위한 텃밭 이야기

⊙ 농사는 때가 중요해!

우리 농부들은 농사일과 관련이 깊은 24절기를 아주 중요하게 여겨. 대체 24절기가 뭐냐고? 태양의 움직임에 따라 달라지는 1년간의 날씨와 자연의 변화를 스물네 개의 절기로 구별해 놓은 거야. 옛날부터 전해 오는 날씨 예보라고 생각하면 돼. 예를 들어 '곡우(穀雨)'는 4월 20일 무렵이야. 봄비(雨)가 내려 백 가지 곡식(穀)을 기름지게 한다는 뜻이지. 곡우 즈음에는 영락없이 비가 내려. 그러니까 곡우가 오기 전에 씨를 뿌리고 모종을 심어 놓으면 단비를 맞아서 싹이 잘 트고 잎이 잘 자란단다.

⊙ 24절기의 이름을 우선 익혀 볼까?

봄 : 입춘(立春), 우수(雨水), 경칩(驚蟄), 춘분(春分),
　　　청명(淸明), 곡우(穀雨)

여름 : 입하(立夏), 소만(小滿), 망종(芒種), 하지(夏至),
　　　소서(小暑), 대서(大暑)

가을 : 입추(立秋), 처서(處暑), 백로(白露), 추분(秋分),
　　　한로(寒露), 상강(霜降)

겨울 : 입동(立冬), 소설(小雪), 대설(大雪), 동지(冬至),
　　　소한(小寒), 대한(大寒)

◉ 한눈에 알아보는 24절기

여름은 축제 ·· 101

⊙ 24절기 중에서도 유독 농사일과 관련이 깊은 날을 알아볼까?

봄철에는 청명, 곡우가 중요해. 청명에 밭을 갈아 씨를 뿌려 두고, 곡우가 오기 전에 모종을 심는 게 좋아.

여름철에는 소만과 망종이 중요한데, 소만에는 밭작물이 풍성하게 잘 자라며 밀과 보리의 이삭이 여물기 시작해. 망종 무렵에는 보리를 베어 내고, 모내기를 해야 한대.

가을철 처서는 참 신기한 절기인데, 이때가 되면 더위도 한풀 꺾이고 풀도 더 이상 자라지 않아. 한로는 찬 이슬이 내리는 10월 8, 9일쯤으로, 이때부터 가을 곡식을 거두기 시작한단다.

한편, 상강은 늦가을에 처음으로 서리가 내리는 때야. 이 무렵에는 하룻밤 새 모든 풀이 누렇게 혹은 거무스름하게 바뀌면서 죽어 가지. 곧 겨울이 닥치고, 땅이 쉬는 시간이 오는 거야.

가을은 마무리

1. 여름풀아, 이제 안녕!

9월 3일, 맑음, 영상 26도

8월 한 달여 동안 35도를 넘나든 기나긴 폭염도 드디어 끝이 났습니다. 8월 25일 밤부터 세차게 내린 비에 날씨는 갑자기 가을이 되었습니다. '처서가 지나면 풀도 돌아눕는다'는 말이 있는데, 8월 23일 처서가 지나고 나서 불과 사흘 만에 서늘함이 피부를 세우는 가을이 된 것입니다. 계절은 이렇게 갑작스레 바뀌었습니다.

처서가 지난 주말농장 입구에는 개망초와 함께 달개비꽃이 잔뜩 올라왔습니다. 처서는 더위가 그쳤다는 뜻이지만, 아직은 해가 쨍쨍합니다. 꽃님이가 밭 입구에 새로 핀 보랏빛 꽃을 내려다보며 말했습니다.

"엄마, 여기 좀 봐. 못 보던 꽃이 피었어요."

엄마가 무릎을 굽히며 보랏빛 꽃을 바라보았습니다.

"달개비꽃이야. 이제 곧 가을이 오려나 봐."

오랜만에 세 식구가 함께 찾은 밭에는 크고 노란 호박꽃이 잔뜩 피어 있었습니다. 꽃님이는 호박꽃 가운데에 삐죽 올라온 수술을 똑 따서 손톱에 문질러 보았습니다.

"꼭 노란색 파스텔 같아."

물감이 번지듯 노란빛이 꽃님이의 손톱과 손을 물들였습니다.

호박은 가을이 되어도 여전히 새잎이 끊임없이 달리고, 큼지막한 노란 꽃을 피웠습니다. 새로 난 연한 호박잎은 찜기를 이용해 살짝 쪄 낸 뒤 간장 양념을 얹어 밥이랑 싸 먹으면 밥도둑이 따로 없습니다. 호박잎 쌈을 가장 맛있는 음식으로 꼽는 꽃님이 아빠는 밭에 들어서자마자 연한 호박잎을 가위로 톡톡 따기 시작했습니다. 꽃님이는 호박꽃이 시든 자리에 새로 생긴 열매들을 하나하나 찾아다니기 시작했습니다. 어떤 건 아직 꽃님이 주먹만 했고, 어떤 건 아빠 머리보다 더 컸습니다.

호박은 수도 없이 많았습니다. 땅 기운을 다 자기 것으로 빨아들이는지 지난번에 밭에 왔을 때보다 더 뚱뚱했습니다. 꽃님이 엄마가 호박 한 덩이를 안아 들고 감탄했습니다.

"호호, 호박 크는 재미로 밭에 온다니까. 지금까지 심은 작물 중에 최고인 것 같아. 그런데 이 많은 호박을 다 어떻게 해 먹지?"

언젠가부터 '열리고 또 열리는 큼지막한 호박덩이를 다 어떻게 할까'가 엄마 아빠의 숙제가 되고 말았습니다.

"호박은 대체 언제까지 열리는 거야? 휴, 밭에 올 때마다 두세 덩이씩 수확해 가는데도 어째 줄지는 않고, 점점 열매가 많이 달리는 것 같아. 부침개 해 먹고, 된장국에 넣어 먹고, 이런저런 요리에 넣어 일주일 내내 먹어도 한 덩이면 충분한데, 큰일이야."

엄마의 말에 아빠가 머쓱해하며 대꾸했습니다.

"내가 중고 거래 사이트에 호박 사진 올려서 팔아 볼까? 의외로 인기 있을지도 모르지."

엄마는 다시 한번 투덜거렸습니다.

"사이트에 올리면 매번 약속 정해서 나가야 하고 너무 귀찮을 것 같아. 게다가 이 덩치 큰 조선호박은 해 먹을 줄 아는 사람이 별로 없어서 인기도 없을걸?"

"아무튼 좋은 방법을 찾아보자······."

꽃님이 엄마가 호박 걱정을 늘어놓자 다른 건 몰라도 호박 농사는 꼭 지어야 한다고 주장했던 꽃님이 아빠의 말끝이 흐려지고 말았습니다.

애호박은 여름 끝물이면 더 이상 열매를 맺지 않지만, 조선호박은 제법 서늘한 늦은 가을까지 몸집을 불려 나갑니다. 그래도 한여름 내내 밭을 차지하며 자라던 기세는 조금 꺾였습니다.

이제 밭에서 호박과 고구마 말고 다른 채소는 찾기 힘들어졌습니다. 늦봄에 새로 심은 아욱이며, 열무는 다 어디로 갔는지 잘 보이지도 않습니다. 그 대신 밭은 꽃님이 엄마의 가슴께까지 자라난 들풀로 무성했습니다.

"어떡하지? 풀을 베어 내지 않으면 뭘 새로 심기 힘들겠어."

엄마가 호박 세 덩이를 차례차례 다 옮기고 허리를 펴면서 아빠에게 물었습니다.

"처서가 지났으니 풀도 더 이상 자라지는 않겠지만, 가을 농사를 지으려면 들풀을 베긴 베야겠어."

꽃님이 아빠가 들풀로 가득한 밭을 보며 대답했습니다.

여름 내내 무성해진 여러 들풀을 정리하지 않으면 가을 농사는 힘들다는 결론이 났습니다. 다른 밭은 어느새 여름풀을 다 뽑아내고 땅을 새로 갈아서 김장용 배추와 무 농사를 지을 준비를 했습니다. 검은 비닐 위에 뽕뽕 구멍을 내서 배추 모종과 무 모종을 가지런히 심어 놓은 밭도 여럿 보였습니다.

꽃님이 아빠는 낫을 쥐고 엄마는 호미를 쥐었습니다. 엄마 아빠가 들풀을 베거나 캐내면 꽃님이는 한 아름 풀을 안아서 밭두렁으로 옮겼습니다. 일단 호박과 고구마, 백일홍을 심은 자리만 남기고 무성한 풀들을 한참이나 베어 내 밭두렁 곳곳에 쌓았습니다.

"아이고, 이제 새 밭이나 마찬가지네. 이제 여기다 뭘 심을까?"

꽃님이 아빠가 땀을 씻으며 물었습니다.

"가을에는 역시 배추랑 무를 심어야 하지 않을까? 그거 심고도 땅이 남으면 쌈 채소도 좀 심고……."

꽃님이 엄마도 땀을 뻘뻘 흘리며 대답했습니다.

"가을 씨뿌리기도 내가 맡을 거예요! 씨뿌리기는 가장 중요한 일이니까!"

꽃님이도 온몸이 땀에 젖은 채 말했습니다.

어린이 농부를 위한 텃밭 이야기

⊙ 태평하게 농사지은 할아버지 이야기

이영문 할아버지(1954~2022)는 친환경 농법에 관심이 있는 사람들 사이에서는 아주 유명한 분이야. 경남 사천의 별학섬에서 몇십 년 동안 농사를 직접 지으시고, 후배 농부들에게 자신의 농사법을 널리 전파하셨단다. 할아버지는 자신이 농사짓는 방법을 '태평농법'이라고 이름 지었어. 태평농법은 보통의 농사법과는 많이 달라. 어떻게 다르냐고?

보통의 농부들은 초봄에 논이나 밭을 경운기나 쟁기를 이용하여 깊이 갈고, 작물이 잘 자라도록 비료를 주고, 벌레가 생기면 살충제를 치기도 해. 이렇게 키운 작물은 크게 자라고 보기가 좋으나 농약과 비료의 독이 식물에도 남고, 땅에도 남아서 사람과 흙의 건강을 위협하지.

이영문 할아버지는 땅의 힘을 건강하게 지키기 위해서 네 가지를 하지 말아야 한다고 주장하고, 직접 실행에 옮겼어. 즉, 땅을 갈아엎는 경운을 하지 않고, 비료를 주지 않으며, 농약을 사용하지 않고, 잡초도 뽑지 않았단다.

땅을 갈아엎으면 흙 속에 들어 있는 잡초의 씨가 오히려 흙 표면으로 올라오면서 잡초가 더 빨리 자라게 되고, 흙 속 생태계가 무너지기 때문에 땅의 건강을 해친다고 해. 또한 비료를 주면 작물에 필요한 영양이 지나치게 많아지고, 작물이 스스로의 힘으로 커 나갈 기회를 빼앗아서 작물의 생명력을 해치게 된대. 오히려 잡초와의 경쟁 속에서 살아남은 작물이 더욱 건강하다는 거야. 벌레 또한 생태계의 천적을 이용해 자연스럽게 퇴치해야지 억지로 농약을 뿌려 없애서는 안 된다고 해. 잡초도 모조리 다 없애는 게 아니라 작물 가까운 곳에 난 잡초만 뽑거나 베는 것이 좋대.

밭을 갈지 않고 비료와 농약을 주지 않으니, 농부들은 오히려 돈을 아끼고 시간과 노력을 줄일 수 있겠지? 덕분에 더 넓은 땅을 경작하면서도 태평하게 농사를 지을 수 있대.

이영문 할아버지는 왜 태평농법을 직접 실행하고 농부들에게 널리 알리는 데 평생을 바쳤을까? 사람들의 건강을 지키는 먹거리를 기르는 일이 바로 농사인 만큼, 자연이 숱한 식물을 길러 내는 방식대로 농사짓는 게 가장 좋다고 생각하셨기 때문이지. 태평농법을 따라 한 많은 농부가 몇 년 지나지 않아 땅 힘이 살아나는 놀라운 경험을 했어.

2. 배추 농사 무 농사

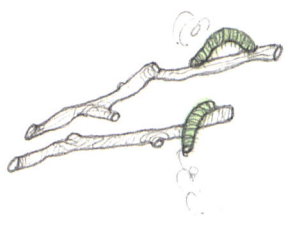

9월 24일, 맑고 화창한 날씨, 영상 22도

9월 말이 다 되도록 낮에는 덥고, 아침저녁으로만 좀 선선한 날씨가 계속되었습니다. 그사이 아침 이슬이 맺혀서 본격적인 가을이 시작된다는 백로도 지나고, 낮밤의 길이가 같아지는 추분도 막 지났습니다.

철 지난 작물과 풀을 베어 낸 밭에 모종으로 심은 배추, 씨앗으로 심은 무, 그리고 나물이나 쌈으로 먹으려고 씨를 뿌려 둔 시금치, 쑥갓, 열무, 비타민, 고수, 치커리가 어여쁜 잎을 내놓고 조금씩 땅을 뚫고 올라왔습니다. 꽃님이가 지난 5월에 심은 백일홍도 빨간색 분홍색 주황색으로 피어나서 코딱지 밭이 한결 예뻐졌습니다. 꽃님이와 엄마는 밭에 도착하자마자 백일홍을 보고 감탄하며 똑같이 말했습니다.

"우아, 너무 예쁘다!"

꽃님이는 낑낑거리며 물뿌리개에 물을 받아다 백일홍에 먼저 뿌리고, 배추, 무에도 뿌려 주었습니다.

한편 시장에서는 상춧값이 엄청나게 올라서 금값이 되었습니다. 고깃값보다 상춧값이 더 비쌀 지경이었습니다. 배춧값도 한 포기당 1만 원쯤으로 크게 올랐습니다. 꽃님이 엄마는 8월쯤에 새로 상추를 심지 않은 걸 은근히 후회했습니다.

"그래도 지금 심기에는 너무 늦었겠지? 봄여름에는 그렇게 흔하던 상추가 지금은 금추가 되었어."

꽃님이 엄마가 아빠에게 말했습니다.

"내년에는 잊지 말고 늦여름에 상추도 심자고. 근데 알다시피 늦여름이라면 너무 더워서 새싹이 잘 나지도 않잖아? 그러니까 요즘 상춧값이 치솟은 건 다 이유가 있어."

꽃님이 아빠가 대꾸했습니다. 꽃님이 엄마는 아빠 말은 듣는 둥 마는 둥 하더니 푸르스름한 새잎이 돋아나는 배추밭을 내려다보며 밝은 표정으로 말했습니다.

"그래도 올가을 날씨가 따뜻하니까 머잖아 이 비싼 배추가 우리 식탁에 올라오겠지? 배춧잎은 쌈으로 먹어도 되고, 국 끓여도 되고, 나물 무쳐도 되잖아. 쓸 데가 많지."

밭에 심은 배추와 무가 꽃님이 엄마의 말을 들었는지 푸른 기세를 더 올리는 것 같았습니다.

윗밭에서 농사짓는 아저씨가 농기구를 챙기러 천막 쪽으로 오다가 꽃님이네 대화에 끼어들었습니다. 여름철 코딱지 밭에 가득한 들풀을 보고 "쯧쯧" 소리를 내고 지나다니곤 했던 아저씨입니다. 평소 무뚝뚝했던 아저씨가 이제 말끔해진 가을밭을 보며 기분이 좋은지 밝은 목소리로 말을 꺼냈습니다.

"배추가 아주 예쁘게 크네요. 텃밭 배추로 김장을 하면 말도 못 하게 맛있죠."

꽃님이 아빠가 삽자루에 몸을 기대며 아저씨에게 물었습니다.

"네, 그런데 배추 키우면 배추벌레가 많이 생긴다면서요?"

아저씨가 혀를 끌끌 차면서 되물었습니다.

"쯧쯧, 농사짓는 사람이 벌레를 무서워하면 어떡해요?"

"그래도 벌레는 싫은데······."

꽃님이 아빠가 기어 들어가는 목소리로 겨우 대답했습니다. 집에서도 바퀴벌레 같은 게 나오면 아빠는 비명을 지르며 도망 다니고, 엄마는 두꺼운 잡지책을 들고 벌레를 찾아다니곤 했습니다.

"벌레 무서우면 배추 농사짓기 힘들 거예요. 배추는 원래 사람이 먹는 게 아니라 벌레가 먹고 난 다음에 남은 걸 사람이 먹는다고 봐야 해요. 자연에서 자라는 건 다 그래요. 사람도 먹고, 새도 먹고, 벌레도 같이 나누어 먹어야지 하고 생각하면 마음이 아주 편해져요. 그래도 벌레 먹은 배추는 정 먹기 싫다 싶으면 배추벌레 나올 때마다 나무젓가락으로 한 마리씩 잡아서 빈 병에 담아 보세요. 우리 같은 텃밭 농꾼이 벌레약을 칠 수도 없는 노릇이잖아요."

아저씨는 뒷말을 흐리면서 가래를 집어 들고 자기 밭으로 되돌아갔습니다. 그러자 엄마와 아빠가 눈을 휘둥그레 뜨며 서로 눈짓을 주고받았습니다.

"저 아저씨, 여름철에 잡초 베라고 쯧쯧거리며 잔소리할 때는 잘 몰랐는데, 오늘은 되게 근사하네?"

엄마가 먼저 한마디 했습니다.

"그러게, 주말농장 하신 지 오래되었다고 들었는데 그사이에 깨달으신 게 많은가 봐. 그래도 난 도저히 젓가락으로 벌레는 못 잡겠어. 당신이 좀 많이 잡아."

아빠가 고개를 끄덕이며 대꾸하고는 입술을 일그러뜨리며 엄마에게 애원하는 표정을 지었습니다. 꽃님이 엄마가 매화나무에서 나뭇가지 두 개를 꺾어와 젓가락처럼 손에 쥐고 눈으로는 배추벌레를 찾으며 말했습니다.

"그래, 알았어, 걱정 마. 에효, 배추에 벌레가 그렇게 많이 생기나? 몰랐네."

꽃님이 아빠가 무를 심어 놓은 곳에 쭈그려 앉으면서 새로 난 무잎을 만지작거렸습니다.

"아무튼 난 무가 좋아. 벌레도 안 생기고, 자기가 알아서 쑥쑥 크잖아?"

그때 꽃님이는 백일홍 꽃줄기를 몇 개 꺾어서 작은 꽃다발을 만들고 있었습니다.

"나는 꽃이 좋아. 다음에는 꽃 농사 더 많이 지을래."

어린이 농부를 위한 텃밭 이야기

◉ 벌레를 너무 미워하지 마!

배추벌레는 배추를 무척 좋아하지. 그런데 배추벌레는 배춧속보다 겉잎을 많이 먹어. 배추 겉잎이 더 달고 맛있기 때문일까? 어떤 사람들은 이렇게 말하지.

"벌레 먹은 게 더 맛있는 거야. 게다가 농약을 안 쳤다는 증거잖아?"

사실은 벌레 먹었다고 해서 더 맛있는 건 아니야. 밭에 나타났다 사라지곤 하는 곤충들은 주로 식물의 떡잎이나 겉잎을 많이 먹는데, 식물의 어린 잎이나 맨 처음 나는 겉잎에는 독성이 있대. 자신을 보호하려는 거지. 또 종묘 회사에서는 씨앗에 일부러 살충제 처리를 하기도 해. 이런 살충제 성분도 대개 떡잎이나 겉잎에 남게 돼. 그런데도 벌레는 주로 떡잎이나 겉잎을 잘 먹는단다.

결과적으로 보면 벌레는 식물에 좋은 일을 하는 거야. 식물의 독성이 강한 부분을 먹어서 자연을 깨끗하게 하는 거지. 아무 이유 없이 살아가는 생명체는 하나도 없어. 벌레도 나름대로 제 할 일을 하는 거란다.

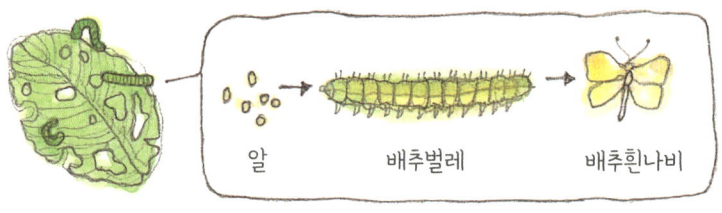

알 　 배추벌레 　 배추흰나비

3. 마지막 쌈 파티

10월 22일, 맑고 화창한 날씨, 영상 20도

　10월 초에는 온 식구가 밭에 가서 배추벌레를 잡았습니다. 꽃님이와 아빠는 처음에 배추벌레가 눈에 띄기만 해도 소리를 지르곤 했습니다. 그런데 배추벌레도 자꾸 보다 보니까 그렇게 징그럽지 않았습니다. 세 식구는 나무젓가락과 빈 병을 들고 간혹 눈에 띄는 배추벌레를 잡았습니다.

　옆 밭 할머니가 배추를 끈으로 묶어 주어야 속이 잘 든다고 해서 꽃님이네는 작은 화분 크기로 자란 배추를 묶어 주는 작업도 대충 해 놓았습니다.

　게다가 그사이에 남아도는 호박을 처치할 방법도 찾아냈습니다. 훈이 엄마가 조선호박을 넣고 만드는 갈치 호박 조림을 가르쳐 주었는데, 그 방법이 참 괜찮았습니다. 살이 많은 조선호박을 한 번에 많이 먹을 수 있을 뿐만 아니라 충분히 썰어 넣은 호박 덕분에 갈치 조림 국물이 아주 시원해져서 맛도 좋았습니다.

그뿐만이 아닙니다. 꽃님이네는 호박을 많이 수확한 날이면 주말농장 안에 설치한 쉼터에 가져갔습니다. 꽃님이가 "공짜 호박 가져가세요! 직접 농사지은 무공해 호박입니다!"라고 또박또박하게 쓴 종이를 탁자 위에 놓으면, 아빠 엄마가 그 위로 호박을 쌓아 놓았습니다. 그러고 한두 시간이 지나서 가 보면 호박이 감쪽같이 없어지곤 했습니다. 호박이 있던 자리에는 "고맙습니다. 잘 먹을게요."라는 쪽지가 남겨져 있을 때도 있었습니다.

"내 혼자 묵으니 남아돌아서 걱정했는데, 나노 묵으면 되겠구먼. 생각을 참 잘했다야! 내도 배추 솎은 거 좀 갖다 둘까비."

옆 밭 할머니가 꽃님이네 가족을 향해 이렇게 칭찬하기도 했습니다. 주말농장을 하는 다른 사람들도 자기 밭에서 넘치게 나는 수확물을 쉼터에 가져다 놓기 시작했습니다. 꽃님이네는 호박을, 옆밭 할머니는 배추를, 윗밭 아저씨는 고구마 순을 가져다 놓았습니다. 주말농장 쉼터가 마치 작은 농산물 가게가 된 것 같았습니다.

10월 중순까지도 날씨는 따스했습니다. 아침저녁으로는 제법 선선했지만, 낮에는 20도까지 기온이 올라서 여전히 반팔옷을 입고 다니는 사람들이 많았습니다. 햇살 좋은 오후에는 길모퉁이에서 노랗고 붉은 국화꽃이 작은 해님처럼 빛났습니다.

밭으로 향하는 차 안에서 꽃님이 엄마가 팔뚝 위로 긴 티셔츠를 걷어 붙이며 말했습니다.

"올가을은 어째 하나도 안 춥네."

밭 입구에서는 여린 코스모스가 바람에 이리저리 흔들렸습니다.

"코스모스가 정말 예쁘다."

꽃님이는 코스모스가 핀 모습만 보아도 가슴에 시원한 가을바람이 들어온 듯 기분이 좋았습니다.

"우리가 못 온 사이에 무 배추가 많이 자랐을까?"

꽃님이가 혼잣말처럼 이야기하자 엄마가 대꾸했습니다.

"그새 배추랑 채소가 자랐으면 열심히 뜯어서 오늘 저녁 훈이네 집에 가지고 가면 좋겠다."

오늘 저녁에는 훈이네 집들이가 있습니다. 같은 아파트 단지에서 살던 훈이네가 지난달 말, 멀지 않은 빌라로 이사 갔습니다. 자그마한 옥상이 따로 있어서 바비큐 파티를 야외에서 즐길 수 있는 집이라며 훈이 엄마가 자랑했습니다. 오늘 저녁에 드디어 훈이네 집 옥상에서 집들이 파티가 열리는 것입니다.

밭은 마치 봄을 다시 맞은 듯 보였습니다. 백일홍 덕분에 밭은 더욱 예뻐 보였습니다. 배추가 벌써 커다란 화분 크기로 자라났습니다. 그사이 부지런히 벌레를 잡지 못해서 바깥쪽 배춧잎은 여기저기 크고 작은 구멍이 뚫려 있지만, 그래도 제법 속이 채워지고 있습니다. 무잎은 하늘을 향해 팔을 벌리며 자라났습니다. 땅속에서 커 가는 무는 얼마나 자랐는지 가늠하기 힘들었지만, 푸르스름한 무의 윗부분이 땅 위로 드러났습니다.

한편, 씨앗으로 심은 쌈 채소도 맑고 푸른빛을 띠며 땅을 뚫고 올라왔습니다. 심지어 봄여름에 많이 나는 들풀 종류인 쇠비름도 덩달아 불긋불긋 올라왔습니다.

"얼른 뜯어 가지고 미리 씻어서 훈이네에 가져가야지."

꽃님이는 엄마와 함께 배추 두 포기를 쑥 뽑고, 다시 자잘한 쌈 채소를 따느라 손을 바삐 움직였습니다.

꽃님이 아빠는 누렇게 익은 조선호박을 세 덩이나 땄습니다. 누런 호박은 호박죽을 끓이기에 안성맞춤일 것 같습니다. 꽃님이 아빠가 호박 두 덩이를 들고 뒤뚱뒤뚱 걸어서 쉼터 탁자에 갖다 놓았습니다.

"어이구, 뭐 이리 무겁지?"

아빠는 허리를 두드리며 힘든 표정을 지었습니다. 밭에는 노란빛을 더해 가는 뚱뚱한 호박들이 여러 개 자리를 잡고 있었습니다. 아빠가 호박을 쳐다보며 혼잣말을 했습니다.

"저건 더 노래지면 따야겠다."

그날 저녁, 훈이네 집에서 돼지고기 목살로 바비큐 파티가 벌어졌습니다. 가장 인기 있는 메뉴는 역시 배추와 쌈 채소입니다. 캠핑용 의자에 앉은 꽃님이와 훈이는 마치 먹기 시합이라도 벌인 듯 열심히 쌈 채소에 고기를 얹어서 먹어 댔습니다. 꽃님이 아빠가 그 모습을 보고 말했습니다.

"얘들아, 가을 채소는 봄 채소보다 단단하니까 꼭꼭 씹어 먹어야 한다!"

꽃님이와 훈이가 아빠 말대로 천천히 씹어 먹자 고기의 육즙과 쌈 채소의 단맛이 더 맛있게 느껴졌습니다. 그때 훈이 엄마가 된장에 배춧속

을 찍어 먹으며 말했습니다.

"정말 봄에 먹는 채소랑 가을 채소는 다르네요. 왠지 더 귀한 느낌? 요새 배추랑 채소가 비싸서 그런가?"

"맞아, 맞아. 밭에 가서 보면 가을 채소는 왠지 더 야무지고 속이 꽉 찬 느낌이 있어."

꽃님이 엄마가 맞장구쳤습니다.

"가을 날씨는 봄 날씨랑 비슷한 것 같지만, 다르죠. 봄 채소에는 따스해지는 봄의 기운이 있고, 가을 채소에는 서늘해지는 가을 기운이 스며드는 게 아닐까요?"

훈이 아빠가 옆에서 맥주를 한 모금 마시면서 근사한 말을 내뱉었습니다.

어느새 훈이네 옥상 위로 별이 뜨고 달이 떠올랐습니다.

어린이 농부를 위한 텃밭 이야기

◉ 공짜로 나누어 드립니다!

아무리 작은 규모의 텃밭이라도 농사를 짓다 보면 수확물이 넘쳐 날 때가 있어. 3, 4월에는 막 자라난 새싹도 무척 귀하게 여겨지는데, 5, 6월이 되면 온갖 쌈 채소가 다 잘 자라서 수확량이 엄청 늘지. 여름 끝물에는 호박이 너무 많이 나기도 하고, 초가을에는 콩이랑 고추가 너무 많이 나오기도 해. 수확물이 늘면 아주 기쁘지만 다른 한편으로는 걱정도 돼. '이 많은 걸 언제 어떻게 다 먹지?' 이런 마음이 저절로 들거든.

텃밭 농사는 대부분 농약을 안 치고 친환경 농법으로 기르기 때문에 작물이 시장에 나오는 농산물에 비해 모양도 울퉁불퉁하고 흙도 많이 묻어 있지만, 채소의 맛과 향이 진하고 건강에 훨씬 좋아. 이렇게 좋은 수확물이 넘쳐 날 때 나누어 먹을 수 있다면 텃밭 농부도 좋고, 함께 먹는 사람들도 좋을 거야.

가족과 친구들, 혹은 텃밭 농부들과 함께 나누어도 좋아. 하지만 텃밭 농부들이 힘을 합쳐 어려운 이웃을 위해 나눌 수도 있단다.

인천시에서 운영하는 공동체형 도시 텃밭인 '이음 텃밭'에서는 상추, 고추, 가지 등 농산물을 무료 급식소에 기부하는 활동을 했단다. 서울 은평구에 있는 '모두와 나눔 텃밭'에서도 20여 종의 농산물을 모아 기부하는 활동을 펼쳤지.

좋은 농산물을 나누는 활동이 지금보다 더 활발하게 벌어진다면 한 뼘 더 행복한 사회가 되지 않을까?

텃밭에서 농산물을 수확하는 모습

수확한 농산물을 기부하고 나누는 모습

4. 갑자기 추워졌어요

11월 3일, 날씨 맑음, 영상 3~15도

　10월 말부터 날씨가 급변했습니다. 간간이 겨울비처럼 차가운 가을비가 내리기도 하고, 심지어 아침 기온이 영하로 급격히 떨어진 날도 일주일에 이틀이나 되었습니다. 꽃님이는 벌써 겨울 파카를 꺼내 입고 학교에 다녔습니다. 너무 추워진 날씨에 자연스레 밭작물이 걱정되었습니다. 열흘가량 추위에 떨었을 채소와 호박이 씩씩하게 버텼을지, 어떻게 되었을지 궁금하기도 했습니다.

　목요일 아침부터 슬슬 날씨가 풀렸습니다. 겨울 날씨 같았던 지난 시간이 믿기지 않게 다시 온도계는 15도로 올라왔습니다.

　"오늘은 무슨 일이 있어도 밭에 가야 해."

　오전에 번역 일을 넘긴 꽃님이 엄마는 점심을 먹은 후에 자전거를 타고 혼자 밭으로 향했습니다. 자전거가 지나는 길에는 강아지풀이 누렇게 쇠해 갈대빛을 띠며 이리저리 바람에 흔들리고 있었습니다. 주말농장 입구에 만발했던 코스모스도 온데간데없었습니다.

가슴 졸이는 마음으로 밭에 들어선 꽃님이 엄마가 작은 비명을 질렀습니다.

"에구머니, 이게 무슨 일이야?"

밭의 절반가량을 차지하던 호박잎과 줄기가 아예 거무죽죽한 빛깔로 변했습니다. 코딱지 밭 표지판을 둘러싸고 이쁘게 피어났던 백일홍도 꽃 핀 자리에서 그대로 누렇게 시들어 버렸고, 고구마 줄기도 땅 위에 축 늘어져 있습니다. 빨래 건조대 위에 자리 잡은 노란 호박에 가까이 가 보니, 갑작스러운 추위에 얼었다가 녹았는지 색깔이 맑지 않았습니다. 주먹만 하게 자라나던 아기 호박들도 만져 보니 다 물렁물렁해져서 먹을 수 없는 지경이 되었습니다.

"헉, 서리 맞았나 보네."

생각해 보니 10월 23일이 상강이었습니다. 상강은 '서리가 내리는 날'이라는 뜻인데, 열흘가량 지났기 때문에 농작물이 이리 힘없이 시들어서 죽어 가는 것도 당연합니다. 하지만 눈앞에 펼쳐진 밭 풍경에 꽃님이 엄마는 충격을 받았습니다. 그 푸르던 잎과 줄기가 모두 거무스름한 짙은 갈색으로 바뀌어서 지금이 대낮이 아니라면 귀신이라도 나올 것 같았습니다.

"갑자기 계절이 확 바뀌었네. 벌써 이렇게 시들어 버린다고? 에구, 아쉬워라."

꽃님이 엄마가 중얼거렸습니다.

다행히 배추들은 겉잎이 얼었다 녹은 듯하고 이파리 끝이 좀 말라 가

는 듯 보였지만 속은 별 탈 없어 보였습니다. 그런데 밭 한편에서 무성하게 올라오던 무잎들은 누구한테 밟히기라도 한 듯 고개를 푹 숙이고 있었습니다.

꽃님이네 밭 근처에서는 무를 뽑는 손길이 바빴습니다. 건너편 밭둑에는 세 명의 아주머니들이 나와 밭에 가득 심은 무를 수확하고 있었습니다.

"서리 내리고 나면 무에 얼음이 드니까 오늘 다 뽑아 가야 해."

한 아주머니의 음성이 바람결에 들려왔습니다. 꽃님이 엄마가 언뜻 쳐다보니 아주머니들이 뽑아내는 무가 팔뚝보다 커 보였습니다.

꽃님이 엄마도 무를 뽑아서 집에서 가져온 자루에 집어넣기 시작했습니다. 꽃님이네 무는 한 뼘 정도밖에 되지 않았습니다. 다른 밭보다 좀 늦게 심었기 때문입니다. 무가 아직 덜 자란 듯했지만 어차피 이대로 두면 얼어서 먹을 수가 없게 됩니다.

"비료를 안 줘서 그런가? 다른 밭처럼 무가 크게 자라지는 않았지만 그냥 다 뽑아야겠네. 그래도 무 이파리가 많이 달렸으니까 이걸로 꽃님이가 좋아하는 무청 시래기 좀 만들어야겠다."

한참 열을 내며 일하던 꽃님이 엄마가 무를 담은 자루 끝을 끈으로 꽁꽁 묶었습니다. 그러고는 시선을 돌려 여전히 푸른빛을 과시하는 시금치와 고수, 배추를 바라보았습니다.

"에구, 이놈들은 그래도 추위에 강한가 보네. 다음 가을에는 서리에 금방 시들해질 채소들 말고 배추랑 시금치만 잔뜩 심어야겠어!"

초가을에 씨앗으로 심어 키운 쑥갓과 열무잎이 눈에 띄게 시들해 보였습니다. 치커리와 비타민은 아직 푸르렀지만 왠지 풀죽은 모습이었습니다. 늦가을에는 초록 잎이 귀해지기 시작합니다.

꽃님이 엄마는 호박과 백일홍, 고구마 줄기에 벌어진 처참한 일을 애써 잊으며 귀한 초록빛 채소를 하나둘 따기 시작했습니다.

"에휴, 그래도 이 정도면 겉절이 한 번은 해 먹을 수 있겠다. 이게 올해 밭에서 따는 마지막 채소인가 봐."

어린이 농부를 위한 텃밭 이야기

⊙ 비료가 독이 될 수도 있다고?

사람들은 제초제나 살충제와 같은 농약이 땅에 해롭다는 건 잘 알고 있어. 그런데 논밭에 비료를 많이 줘도 탈이 된다는 건 잘 모르지. 비료는 식물을 위한 영양제와 같아. 건강한 사람은 굳이 영양제를 먹을 필요가 없듯 좋은 땅에서 농사를 짓는다면 굳이 비료를 뿌릴 필요가 없단다.

식물의 재배에 필요한 성분에는 질소, 인산, 칼륨 등이 있어. 이 중에서도 질소는 식물의 성장을 촉진시키는 역할을 한단다. 사람들은 오랜 관찰을 통해 식물이 질소를 좋아하고, 질소를 주면 커다랗게 잘 자란다는 사실을 알게 되었어. 그래서 질소 비료를 만들어 흙에 잔뜩 넣어 주게 됐지.

사실 질소는 공기 중 80퍼센트를 차지할 만큼 흔하단다. 그런데 식물은 공기 중에 가득한 질소를 바로 섭취하지 못해. 질소에 다른 요소가 결합해야만 빨아들일 수 있대. 식물이 질소를 잘 섭취하도록 만든 것이 질소 비료야. 화학 비료든 유기농 비료든 알고 보면 다 질소 비료지.

비료 덕분에 식물은 더 빨리 더 크게 자라지만, 질소가 식물의 몸속에 많으면 많을수록 식물은 연약해진단다. 질소를 많이 섭취한 식물은 잎이 얇아지고 키가 커지며, 뿌리가 튼튼하지 않고, 잎은 진한 초록색을 띤단다.

사람들도 영양분을 지나치게 많이 섭취하면 뚱뚱해지고, 건강을 해치는 여러 가지 질병에 대항할 면역력이 떨어지게 되잖아? 질소 과잉으로 덩치만 컸지 연약해진 식물은 해충이 공격하기에 좋은 먹잇감이 돼. 작물에 벌레가 많이 생겼다면 비료를 필요 이상으로 많이 주었다는 뜻이야. 비료를 많이 주면 벌레가 더 생기고, 벌레가 많아지면 살충제를 뿌릴 수밖에 없는 악순환이 계속돼.

　많은 농부가 비료를 듬뿍 주어 작물을 키우고 있어. 요즘에는 농약보다도 오히려 과도한 비료 때문에 땅이 병들어 간다고 해. 비료의 독은 오랜 기간 땅과 식물의 몸속에 남게 돼. 비료를 사용하지 않거나 식물성 퇴비를 주어 땅이 지닌 본래의 생명력을 돋우어 주는 게 가장 좋지.

질소 결핍　　　　　질소 적정　　　　　질소 과잉

질소는 엽록소의 주요 성분이라 잎의 색깔로도 건강 상태를 알 수 있어.

부족한 것도 문제지만 뭐든 지나친 것도 문제구나.

5. 고구마를 캐요

11월 12일, 맑고 쌀쌀한 날씨, 영상 13도

날씨가 갑자기 추워졌다가 며칠 지나면 다시 풀렸다가를 반복했습니다. 지난 5월 초에 심은 고구마가 땅속에서 벌써 영글었을 텐데, 수확할 날을 잡기가 쉽지 않았습니다. 다른 밭은 10월 중순에 고구마를 다 수확했는데, 아빠가 땅속에서 조금만 더 키우자 해서 그대로 둔 채였습니다.

토요일이 되자 추웠던 날씨가 좀 풀리고 하늘이 높아졌습니다. 꽃님이와 아빠가 드디어 고구마를 캐러 갔습니다. 아빠는 빈 종이 상자를 들고 꽃님이 뒤를 따라 밭둑에 들어섰습니다.

깡충거리며 뛰어가는 꽃님이의 뒤통수를 바라보자, 아빠는 어릴 적 고구마 캐던 기억이 떠올랐습니다. 날씨가 푸근한 남해안 마을의 뒷동산 너머에는 끝도 없이 펼쳐진 고구마밭이 있었습니다. 아빠는 학교를 다니기 위해 중학교 때 도시로 나와 고향을 떠났지만, 붉은 고구마 빛깔과 파란 하늘빛이 어울려 눈이 시원해지는 그곳이 가끔 생각나곤 했습니다. 그리고 그 밭에서 하루 내내 허리 숙여 일하던 아버지 어머니의 모습도 떠오르곤 했습니다. 아름다운 고구마밭에 대한 애틋한 그리움은 꽃님이 아빠가 주말농장을 시작한 까닭이기도 했습니다.

아빠는 농기구를 보관하는 천막에서 괭이를 잡았습니다.

"괭이로 고구마 두둑을 파헤칠게. 꽃님이 네가 땅속에 숨어 있는 고구마를 찾아봐."

꽃님이는 어렵지 않게 흙 속에서 고구마를 찾아내 들어 올리며 말했습니다.

"우아, 고구마 껍질이 빨간 줄 알았는데, 금방 캔 고구마는 겉이 그렇게 빨갛지가 않아요."

꽃님이는 고구마를 캐는 대로 밭 한쪽에 모아 놓았습니다. 방금 캐낸 고구마 껍질은 노르스름했는데, 캐자마자 붉어지기 시작했습니다.

"우아, 빨개졌어! 신기하다."

꽃님이가 고구마 무더기를 바라보며 말했습니다.

"땅속에 있을 때는 햇빛을 못 보니까 껍질 색깔이 고구마 속살이랑 차이가 별로 없어. 하지만 고구마가 밖으로 나오면, 껍질 부분이 공기 중의 산소랑 만나면서 붉어지는 거야."

아빠가 말했습니다.

아빠가 힘차게 괭이질을 하자 팔뚝만 한 고구마가 절반으로 딱 쪼개졌습니다.

"아빠, 조심조심. 고구마가 아프잖아요!"

꽃님이가 절반으로 쪼개진 고구마를 보며 안타까워했습니다.

"응, 알았다, 알았어."

아빠는 조심스레 땅을 파면서 고개를 주억거렸습니다.

고구마 두둑이 다 허물어지고, 푸슬푸슬 부드러운 흙 속에 숨은 고구마도 더 이상 보이지 않았습니다. 꽃님이 아빠가 빈 종이 상자를 가져와 고구마 무더기를 옮겨 담기 시작했습니다.

"우아, 고구마 한 상자는 족히 나오겠다!"

예상보다 많은 수확량에 아빠는 신이 났습니다.

"고구마 맛탕 해 먹어야지!"

꽃님이는 고구마 맛탕을 먹을 생각에 신이 났습니다. 코딱지 밭에서도 서너 걸음 정도밖에 안 되는 고구마 두둑에서 나온 수확치고는 꽤 알찼습니다. 종이 상자에는 크고 작고, 뚱뚱하고 길쭉한 고구마가 옹기종기 담겼습니다.

꽃님이와 아빠는 농기구 천막 안에서 잠시 숨을 돌렸습니다.

"이제 배추도 다 뽑아서 집에 가져가자."

아빠의 말에 꽃님이가 물었습니다.

"아빠, 배추는 어떻게 뽑아요?"

"응, 밑동을 잡고 쑥 뽑아내면 되는데, 그대로 가져가면 다듬느라 더 힘들어져. 꽃님이가 배추를 뽑으면 아빠가 칼로 뿌리를 자르고, 겉잎을 정리할게."

"오케이! 멋진 아바마마, 잘 알겠습니다!"

꽃님이가 양손 엄지손가락을 곧추세워서 아빠 눈앞에 내밀며 말했습니다.

"음, 흙 묻은 배추 그대로 가져가면 집 안도 더러워지잖아. 다듬은 겉잎은 다 음식물 쓰레기가 되고……. 여기 밭에서는 배추 겉잎으로 흙을 덮으면 우리 밭에도 좋을 거고……."

꽃님이의 칭찬에 아빠는 괜히 기분이 좋아져 이런저런 말을 더 늘어놓았습니다.

꽃님이와 아빠는 스무 포기쯤 되는 배추를 뽑아 적당히 다듬어서 자루에 담았습니다. 배추 한 포기 한 포기가 제법 무거웠습니다. 아빠는 배추를 다듬으면서 버린 겉잎을 땅 위에 이불처럼 덮어 두었습니다.

"이제 김치만 담그면 되겠네. 아 참, 고구마 심었던 자리에 뿔시금치 씨 좀 뿌려 두자."

아빠는 배추가 가득 든 자루를 묶다가 갑자기 생각났다는 듯 말했습니다.

아빠가 뿔시금치 씨앗이 담긴 봉투를 꽃님이에게 내밀었습니다. 뿔시금치는 둥그스름하고 푸른빛을 띠는 보통 시금치 씨앗과는 달리 뾰족뾰족 뿔이 돋아 있고 누르스름한 빛깔입니다. 우리나라 토종 시금치 씨앗인데, 꽃님이 엄마가 최근에 구해 놓은 것입니다. 엄마 말로는, 토종 씨앗은 우리나라 땅에 오랜 시간 적응해 왔기 때문에 잘 자랄 뿐 아

니라 나중에는 건강한 씨앗도 얻을 수 있다고 합니다.

"이제 곧 겨울인데, 뿔시금치 다 죽으면 어떡해요?"

꽃님이가 걱정스러운 얼굴로 물었습니다.

"하하, 시금치는 겨울을 견디면서 자라야 더 맛있어져. 늦가을이나 초겨울에 밭에 뿌려 두면 내년 봄에 가장 먼저 푸른 잎을 내놓을 거야."

꽃님이 아빠가 희망에 부푼 눈빛으로 꽃님이를 보며 대꾸했습니다.

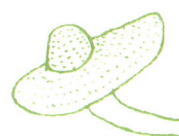

어린이 농부를 위한 텃밭 이야기

⊙ 생명의 파티가 열리는 밭

생명체는 먹지 못하면 살 수 없고, 먹었다고 해도 소화시켜서 에너지를 만들지 못하면 살아갈 수 없어. 물론 소화시켜도 배설하지 못한다면 제대로 생명을 유지할 수 없지.

사람도 마찬가지야. 사람도 먹고, 소화하고, 에너지를 만들고, 배설하는 과정을 통해 생명을 이어 가지. 그러니까 건강하고 좋은 먹거리를 섭취하는 일은 정말 중요해. 우리가 세상을 살아가는 데 필요한 힘을 얻는 일이니까.

밭에서는 날마다 생명들의 파티가 열려. 힘껏 자라나는 수많은 식물이 있고, 그 식물을 먹고 자라는 곤충이 있고, 곤충을 잡아먹는 더 큰 곤충도 있어. 배추벌레, 지렁이, 달팽이, 진드기, 거미, 무당벌레 같은 곤충들은 밭에서 먹고 소화하고 배설하며 살아가지. 설사 한 개체가 죽어 흙으로 돌아간다 해도 생명 활동은 다음 세대를 통해 계속돼.

모든 생물은 홀로 살아가는 것이 아니라 다른 생물과 관계를 맺고 있어. 서로 먹고 먹히는 포식 관계, 혹은 서로 이로운 점을 주고받는 공생 관계를 이루고 있지.

이렇듯 한 생명이 살아 있는 것은 자연 세계와 연결되어 있기 때문에 가능하지. 각각의 생물은 직접적이든 간접적이든 생태계 전체의 순환 속에서 살아가는 거야. 그러니까 우리 주변의 산과 물, 공기와 비와 바람, 논과 밭의 흙 등 생태계 전반에 관심을 갖고 자연을 사랑하는 것은 곧 나의 생명을 위한 일이기도 하단다.

겨울은 기다림

1. 김장하는 날

11월 20일, 춥고 맑은 날씨, 영상 12도

겨울의 시작이라는 입동이 이 주일 전에 지났습니다. 하늘은 높고 파랬지만 창밖으로 초겨울의 쌀쌀한 기운이 감돌았습니다. 꽃님이 엄마 말로는 오늘 날씨가 딱 김장하기 좋다고 합니다. 김장을 하려면 찬물에 배추며 각종 채소를 씻을 일이 많은데, 아직은 찬물이 손에 닿아도 얼음 만지듯 차갑지는 않기 때문이랍니다. 또 어느 정도 날이 쌀쌀해야 김장 김치가 더 오래 신선하게 유지된다고 합니다.

지난주에 밭에서 가져온 배추는 지금 꽃님이네 욕실 안에 있는 욕조에 가득 쌓여 있습니다. 아파트에 살다 보니 많은 배추를 씻고 절일 만한 공간이나 김장용 큰 통이 없어서 대신 욕실과 욕조를 이용하기로 한 것입니다. 어제 오후에 아빠는 욕실에 들어가 욕조를 수세미로 깨끗하게 여러 번 씻었습니다. 욕실 바닥도 솔로 박박 문질러 청소해 놓으니 반짝반짝 윤이 날 만큼 깨끗해졌습니다. 꽃님이네 식구들은 김장하는 이틀 동안 얼굴을 씻거나 용변을 보는 건 안방의 작은 화장실을 이용하기로 했습니다.

어제저녁, 아빠는 욕조에 물을 받아 굵은 소금을 넣고 나서 휘저어서 소금을 녹였습니다. 그런 후 욕실용 의자에 자리를 잡고 앉아 반으로 속을 가른 배추에 굵은 소금을 뿌리고 소금물 욕조 안에 넣어서 하나씩 하나씩 쌓았습니다. 밭에서 뽑아 올 때는 스무 포기쯤 되었는데, 반으로 갈라 놓으니 배추가 훨씬 많아진 것 같았습니다.

이른 아침부터 꽃님이네 세 식구는 몹시 분주했습니다. 아빠는 욕실에 들어가 소금물에 절인 배추들을 커다란 소쿠리에 건지기 시작했습니다.

"아이고, 허리야."

아빠는 가끔 허리를 펴고 등을 두드리며 이런 소리를 내뱉었습니다.

엄마는 부엌 개수대 앞에 서서 고무장갑을 끼고 무, 쪽파, 갓 등을 깨끗하게 씻었습니다. 엄마가 밭에서 수확해 온 무는 어른 주먹보다 클까 말까 한 크기입니다. 김장할 때 쓰려고 오늘까지 신문지에 하나씩 하나씩 싸서 보관해 둔 것입니다.

"에고, 다리야."

엄마는 잘 씻은 채소를 큼지막한 소쿠리에 담으며 말했습니다.

꽃님이는 식탁에 앉아서 마늘을 깠습니다. 함지박에 물을 반쯤 채우고 거기에 담가 놓은 마늘을 다 까야 한답니다. 이제 겨우 열 톨쯤 깠는데, 벌써부터 어깨가 묵직하고 손끝이 매워졌습니다.

"에휴, 어깨야."

꽃님이 입에서 저절로 이런 소리가 나왔습니다. 슬슬 마늘 까는 일이 지루해진 꽃님이가 블루투스 스피커를 이용해 음악을 틀었습니다. 꽃님이가 좋아하는 케이팝 그룹이 부르는 빠른 템포의 곡이 흘러나왔습니다. 음악을 들으면서 마늘을 까니까 저절로 고개와 어깨가 들썩여 일이 쉽게 느껴졌습니다.

잠시 후 아빠는 가스레인지 위에 올려놓은 커다란 스테인리스 통을 조심조심 바닥으로 내려놓았습니다. 통 안에는 마른 멸치, 다시마 따위를 우린 물에 찹쌀을 넣고 끓여 놓은 찹쌀죽이 있었습니다. 아빠는 이제 조리대 위에 믹서를 꺼내 놓고, 꽃님이가 깐 마늘과 생강, 그리고 양파와 사과 따위를 갈기 시작했습니다. 음악 소리는 믹서 돌리는 시끄러운 소리에 묻히고 말았습니다.

다 갈린 재료는 거품이 좀 일면서 누르스름한 빛을 띠었습니다. 마늘 맛도 사과 맛도 나지 않았지만 신선하고 알싸한 느낌을 주었습니다. 여러 차례 잘 갈린 재료는 찹쌀죽이 든 커다란 통 속으로 들어갔습니다. 믹서를 다 돌린 아빠가 엄마에게 물었습니다.

"여보, 멸치 액젓이랑 새우젓은 어디 두었어?"

엄마는 꽃님이와 함께 나란히 식탁에 앉아 깨끗하게 씻은 채소를 커다란 도마 위에 놓고 칼로 썰고 있던 참입니다. 꽃님이는 엄마가 칼질하는 걸 지켜보다가 함지박에 다 썰린 채소를 쓸어 담았습니다.

"응, 뒷베란다에 있어. 고춧가루도 거기 두었어."

엄마가 아빠를 올려다보며 대답했습니다.

"꽃님아, 아빠 믹서 씻어야 하니까 네가 좀 가져다줄래?"

아빠가 꽃님이에게 부탁했습니다.

"네, 아빠!"

꽃님이가 일어나 마개로 단단히 닫아 놓은 통에 든 멸치 액젓과 새우젓, 그리고 고춧가루 봉지를 찾아서 아빠에게 가져다주었습니다. 아빠는 커다란 통 속에 들어 있는 누르스름하고 걸쭉한 액체 상태의 양념 위에다 젓갈과 고춧가루를 부었습니다. 그러고는 커다란 주걱을 찾아 조심스레 통 속을 젓기 시작했습니다. 온갖 양념에 고춧가루가 섞여 들면서 불그스름한 색깔이 되고, 통 위로 맵싸한 냄새가 올라왔습니다. 한참이나 김치 양념을 젓느라 아빠의 이마에 땀이 송골송골 맺혔습니다. 꽃님이가 손수건을 찾아서 아빠의 이마를 톡톡 닦아 주었습니다.

엄마가 부엌칼로 썬 온갖 채소가 함지박 안에 수북하게 쌓였습니다. 희고 투명한 무채와 꽃님이 엄지손가락만 한 크기로 썰린 쪽파, 쫑쫑 썰린 갓 등이 마구 섞여 있습니다. 아빠는 커다란 통 안에 엄마가 준비한 채소를 다 집어넣었습니다. 그러고는 다시 커다란 주걱으로 저어 주었습니다. 이제 드디어 배추에 양념으로 바를 김장 소가 다 준비되었습니다.

"우리 좀 쉬었다 하자."

엄마가 한숨을 내쉬며 말했습니다.

"응, 그래. 절인 배추가 물이 다 빠지면 그때 다시 하자고."

아빠도 김장 소가 가득 담긴 통의 뚜껑을 덮으며 말했습니다.

꽃님이가 휴대 전화로 엄마 아빠 둘 다 좋아하는 90년대 발라드 음악을 골라 틀어 주며 말했습니다.

"근데…… 엄마 아빠, 나 배고파!"

꽃님이 엄마가 시계를 쳐다보며 말했습니다.

"그러고 보니 우리 아침에 삶은 고구마 한두 개 먹고 아무것도 못 먹었네? 벌써 12시가 다 되었어. 나도 배고파."

꽃님이 아빠가 엄마에게 대꾸했습니다.

"아차, 수육 삶는 걸 깜빡했네. 김장날에는 역시 보쌈이지. 꽃님아, 삼십 분만 기다려 줄래?"

아빠가 냉장고에서 두툼한 돼지 앞다릿살을 꺼내서 절반으로 잘랐습니다. 엄마가 큰 냄비에 물을 붓고 그 안에 마늘, 생강, 대파를 넣고 나서 커피 반 스푼, 된장 두 스푼, 그리고 월계수 잎 세 장을 넣었습니다. 아빠가 냄비 안에 조심스레 앞다릿살을 밀어 넣고 가스레인지 불을 켰습니다.

"조금만 기다려. 세상에서 가장 맛있는 보쌈을 먹을 테니."

꽃님이가 활짝 웃으며 대꾸했습니다.

"히히히, 빨리 익으면 좋겠어!"

식탁 의자에 앉아서 잠시 쉬던 엄마가 욕실에 들어가 절인 배추 반 포기를 함지박에 담아 왔습니다.

"보쌈은 김치랑 같이 먹어야지!"

아빠가 함지박을 받아서 그 안에 든 절인 배추를 손으로 꾹 짜서 물기를 뺐습니다. 그러고는 통 속에 든 양념을 한 국자 퍼 올려 절인 배추 위에 부었습니다. 거기에다 씻어 놓은 생굴도 여러 개 올렸습니다. 엄마가 김장용 비닐장갑을 끼고 배추 겉잎부터 시작해서 한 장 한 장 들추어

가며 양념을 발랐습니다. 이제 불그스름한 양념이 들어간 김장 김치 반 포기가 완성되었습니다.

아빠는 개수대에서 손을 깨끗이 씻은 후 김장 김치를 길쭉하게 쭉쭉 찢기 시작했습니다. 다 찢은 김치를 넓은 접시에 담은 후 고소한 깨를 솔솔 뿌렸습니다. 한눈에 보기에도 정말 먹음직스러웠습니다. 아빠가 김치 한 가닥을 손가락으로 돌돌 말아서 꽃님이 입속에 쏙 넣어 주었습니다.

"와, 맛있다! 엇, 그런데 매워, 매워요. 무, 물……."

엄마가 물과 함께 찬밥을 가져다주고는, 꽃님이의 등을 쓰다듬었습니다.

"에구, 그냥 먹으면 맵지. 밥이나 고기랑 같이 먹어야지."

물을 마신 후에도 꽃님이의 입안에 짭조름하면서도 매콤한 느낌이 남았지만, 얼른 밥 한 숟갈을 떠먹자 곧 매운맛이 감쪽같이 없어졌습니다. 이제 드디어 김이 폴폴 나는 잘 익은 고기가 식탁에 올랐습니다. 이번에는 엄마가 고기를 김치에 폭 싸서 꽃님이 입에 넣어 주었습니다. 꽃님이가 입을 오물거리며 감탄했습니다.

"와, 왜 보쌈에서 꿀맛이 나지요?"

엄마와 아빠도 빙그레 웃으며 젓가락을 들었습니다.

"그래? 우리도 꿀맛 보쌈 좀 먹어 볼까?"

 ## 어린이 농부를 위한 텃밭 이야기

⊙ 가을의 마무리와 겨울의 시작은 김장날

우리나라 사람들은 예부터 한 해 농사를 마무리한 후 겨울이 막 시작되려는 때에 김장을 담가 왔어. 가을에 수확한 배추, 무뿐 아니라 여름철에 수확한 고추, 마늘, 생강 등을 잘 보관해 두었다가 김장 때 한꺼번에 사용했지. 김장할 때는 배추김치뿐 아니라 깍두기나 동치미를 같이 만들기도 해. 김장철이 지나고 나면 텃밭에서는 푸른 채소가 더 이상 나지 않기 때문에 그동안 농사지어 거둔 채소를 다 쓰면서 많은 양의 김치를 만들어 놓는 거야.

김장을 넉넉히 해 두면 채소가 나지 않는 한겨울과 초봄에도 각종 비타민, 무기질 등 건강을 지켜 주는 영양소를 김치를 먹으며 섭취할 수 있어. 봄여름에는 발효되어 유산균이 듬뿍 든 익은 김치를 넣어서 볶음, 찌개 등 여러 요리를 해 먹을 수 있지.

우리나라는 사는 지역마다, 또 집집마다 김장 양념이 조금씩 다르고, 맛도 아주 다채로워. 고춧가루와 젓갈에 마늘, 생강 등을 넣어 만드는 건 기본적으로 비슷하지만, 지역에 따라 많이 나는 특산물을 김치에 넣으면서 독특한 맛이 생긴단다.

예를 들어 서울 경기 지역은 새우젓과 무채를 많이 넣어서 깔끔하고 시원한 맛이 나고, 동해안 쪽은 오징어나 명태살 등을 김치 속에 버무려서 담

백하면서도 깊은 맛이 나. 서남쪽 지역은 멸치젓이나 굴 같은 해산물을 많이 사용해서 진한 감칠맛이 난단다.

2. 쉿, 쉬는 시간이에요

1월 6일, 따뜻한 겨울날, 영상 9도

　꽃님이네가 두꺼운 겨울옷을 입고 두어 달 만에 밭으로 향했습니다. 꽃님이가 뿔시금치가 싹이 났는지 궁금하다며, 밭에 가자고 엄마와 아빠를 졸랐기 때문입니다.

　길가 겨울나무는 쓸쓸해 보였습니다. 짙은 회색빛 양버즘나무들은 이파리 하나 남지 않아 벌거벗은 듯했습니다. 나무 밑동 근처에는 말라 비틀어진 작은 나뭇가지와 갈색 나뭇잎이 널려 있었습니다.

　밭 입구에서 민들레, 개나리, 개망초, 달개비, 코스모스 등 수많은 꽃이 피고 졌던 일이 마치 거짓말 같았습니다. 땅은 완전히 마르고, 흔한 강아지풀조차 누렇게 시들었습니다.

　밭에 들어서서 살펴보니 군데군데 푸른 식물이 올라온 곳도 좀 보였습니다. 겨울치고는 요 며칠 날씨가 푹했기 때문인가 봅니다. 인적이 끊긴 겨울 텃밭 위로 기러기가 떼 지어 날아갔습니다.

다행히 코딱지 밭에도 아직 푸른 기운이 남아 있었습니다. 치커리는 다 자라지 못한 채 녹황색을 띠며 얼었다 녹았다 한 모양입니다. 고수는 지난가을 이후로 더 자라지는 않았지만, 아예 얼지는 않았는지 삐죽삐죽 가느다란 잎이 좀 남아 있었습니다. 하지만 뿔시금치를 심은 자리에는 아직 떡잎도 올라오지 않았습니다.

"풀들이 다 죽어 버린 것 같아. 에후, 불쌍해. 뿔시금치는 언제 싹이 틀까?"

꽃님이가 겨울 파카 위로 목도리를 두르며 말했습니다.

"봄이 다시 와야 할 거야. 코딱지 밭에 씨앗을 뿌리고 수확했던 시간이 오래된 옛날 같아. 여기에서 날마다 식물, 곤충, 새 들이 함께 어우러진 생명의 파티가 열렸는데 말이야. 밭은 계절에 따라 얼마나 다른 모습을 보여주는지……."

꽃님이 엄마가 아쉬운 눈빛으로 겨울 밭을 바라보았습니다. 그사이 꽃님이 아빠는 천막 안에서 쇠스랑을 집어 들었습니다. 그러고는 밭두렁에서 지푸라기처럼 누렇게 색이 바랜 식물의 줄기 따위를 쇠스랑으로 긁어모아 코딱지 밭 위에 흩뿌려 주었습니다.

"아빠, 이제 농사 다 끝났는데, 왜 힘들여서 마른풀을 깔아 주나요?"

꽃님이가 물었습니다.

"음, 겨울 땅은 아주 차갑잖아. 땅 위에 마른풀이나 지푸라기를 뿌려 주면 보온 효과가 있어. 말하자면 땅에 이불을 덮어 주는 거지."

꽃님이 아빠가 쇠스랑을 제자리에 가져다 두면서 대답했습니다.

"땅 보고 겨울잠 자라고?"

꽃님이가 냉큼 대꾸했습니다.

꽃님이 아빠가 헛웃음을 터뜨렸습니다.

"허허허, 그렇지. 긴 겨울을 잘 견디라고 이불 덮어 주는 거지. 겨울을 잘 보내야 봄에 더 활기차게 농사를 시작할 수 있잖아. 우리도 밤에 잘 자야 다음 날 새 기운으로 힘차게 살 수 있는 것처럼……. 지금은 밭이 휴식을 취하는 시간이야."

꽃님이가 쭈그려 앉아서 밭 위로 흩어진 마른풀을 골고루 펴 주며 말했습니다.

"밭도 나처럼 겨울 방학 중인가?"

엄마가 풋 하고 작은 웃음을 터뜨리며 대꾸했습니다.

"농사짓는 사람들은 가을 추수를 끝내고 다음 해 봄 농사를 시작하기 전까지 쉬는 시간을 '농한기'라고 불러. 지금 우리도 농한기를 맞은 거지. 봄부터 늦가을까지 농사짓느라 수고한 우리 식구들도 좀 쉬어 가라는 자연의 뜻이지."

잠시 후 아빠와 엄마가 양쪽에서 꽃님이 손을 잡아끌며 말했습니다.

"이제 땅이 잘 쉬도록 우리는 이만 가자."

수많은 작물과 들풀이 싹을 틔우고 자라나던 찬란한 밭은 지금 쉬는 시간을 맞았습니다. 이제 가만히 봄을 기다리는 수밖에 없습니다. 꽃님이네도 조용히 밭을 떠나 자동차에 몸을 실었습니다.

 ## 어린이 농부를 위한 텃밭 이야기

⊙ 흙 속 세계가 궁금해!

봄 여름 가을이 지나고 겨울이 되면 땅은 추위 때문에 얼어붙은 것처럼 보여. 흙에 무슨 일이 있기에 겨울철에는 식물이 자라지 않는 걸까? 흙 속 세계에 대해 한번 알아보자.

좋은 흙의 구성 성분을 살펴보면, 광물질 45퍼센트, 공기 25퍼센트, 물 25퍼센트로 이루어져 있대. 여기에다 토양 미생물과 동식물이 분해되어 만들어진 유기물이 5퍼센트 정도를 차지해. 흙빛이 검을수록 비옥한데, 검은 흙에는 유기물이 많단다. 다시 말해 좋은 흙이란 풍부한 공기층과 물기가 있어서 토양 미생물이 활발히 활동할 수 있는 곳이란 뜻이야.

흙 속에는 눈에 보이지 않는 아주 작은 미생물이 살고 있어. 단 1그램의 흙 속에도 수십억 마리의 미생물이 있단다. 이들 토양 미생물은 여러 가지 일을 하는데, 그중에서도 중요한 역할은 수많은 동식물의 잔해를 분해하여 비옥한 흙으로 바꾸어 주는 거야. 또한 공기 중에 가득한 질소를 땅속으로 끌어들여 식물이 자라는 데 필요한 영양을 공급해 주기도 하지.

토양 미생물은 대개 20~30도 사이에서 가장 활발하게 활동한대. 그러니까 날씨가 추워지면 토양 미생물이 제대로 활동할 수 없고, 식물이 자라는 데 도움을 줄 수도 없어. 그래서 겨울철에는 흙에서 식물이 자라기 힘든 거란다.

겨울에는 흙의 맨살이 보이지 않게 낙엽이나 이미 시들어진 잡초 등을 땅 위에 덮어 주면 좋대. 흙 속의 물기가 얼지 않게 하고, 따뜻한 걸 좋아하는 미생물이 지나치게 춥지 않게 도와주는 거야. 그러면 날씨가 풀릴 때 각종 토양 미생물이 더 빨리 활발하게 깨어난단다.

3. 집에서 짓는 겨울 농사

1월 22일, 춥고 건조한 날씨, 영하 1도~영상 8도

 꽃님이 엄마는 동네 문화 센터에서 아침 운동을 마치고 장을 보러 로컬푸드 가게에 들렀습니다. 이 가게는 꽃님이네가 사는 곳에서 가까운 지역 생산 먹거리만 파는 곳입니다. 종류가 다양하지는 않지만 다른 곳보다 채소가 싱싱한 데다 가격도 저렴하기 때문에 사람들에게 인기가 많습니다.

 꽃님이 엄마는 가게를 돌아보며 시금치, 미나리, 상추, 대파, 감자 따위를 바구니에 담았습니다. 지금은 한겨울이기 때문에 감자는 저장고에서 나오고, 채소들은 비닐하우스에서 재배해서 내놓은 것입니다.

 "휴, 코딱지 밭에서 농사지을 때는 이런 거 살 일도 없었는데……."

 꽃님이 엄마가 바구니를 들고 계산대 앞에 줄을 서며 무심코 혼잣말을 내뱉었습니다.

 집으로 돌아온 엄마가 장바구니를 정리하려고 냉장고 아래 서랍 칸을 열었습니다. 하나씩 냉장고에 집어넣으면서 살펴보니 뿌리가 붙어 있는 싱싱한 미나리가 눈에 띄었습니다.

"가만있자, 미나리는 뿌리만 있으면 자라지 않나?"

꽃님이 엄마는 내친김에 미나리의 줄기 아래쪽을 가위로 싹둑 잘라서 화병으로 사용하는 투명한 유리컵에 쏙 담았습니다. 유리컵 안에 미나리 뿌리가 꾸물꾸물 자리를 잡았습니다. 꽃님이 엄마는 개수대에서 물을 받아 유리컵 속에 왈칵왈칵 부었습니다.

"이게 새싹이 날까?"

꽃님이 엄마는 미나리 뿌리를 담은 유리컵을 개수대 위쪽 창턱에 놓았습니다. 그 뒤로 날마다 물을 갈아 주었습니다. 유리컵 속의 미나리는 하루가 다르게 커 갔습니다. 처음에는 두세 개의 새싹이 올라와 위로 줄기를 뻗더니 일주일이 채 안 되어 쑥쑥 올라온 미나리 줄기와 잎이 유리컵 안에 가득 찼습니다.

꽃님이 엄마가 설거지를 하다 말고 흐뭇한 표정으로 유리컵 안을 들여다보았습니다. 주방 탁자에 앉아서 책을 보던 꽃님이가 한마디 던졌습니다.

"엄마, 집에서 미나리 농사지어요?"

"하하하, 그래. 미나리 크는 재미로 산다, 요즘."

꽃님이 엄마가 대꾸했습니다.

"엄마, 이 책 보니까 집에서 콩나물도 길러 먹을 수 있대요."

꽃님이가 엄마의 코앞에 책을 들이대며 말했습니다.

"아, 진짜? 콩이라면 우리 집에 잔뜩 있잖아. 지엠오 콩이 아니라 토종 씨앗으로 우리가 농사지은 콩 말이야. 아 참, 그런데 콩나물시루가 없는데?"

꽃님이 엄마가 신이 났다가 금세 풀이 죽은 듯 말했습니다.

"아니야, 엄마. 주전자에 콩을 담고 일곱 시간 정도 불린 후에, 아침저녁으로 물을 주었다가 뺐다가 하면 된대요."

꽃님이가 신이 난 듯 말했습니다.

"어, 진짜? 주전자에서 콩나물이 자란다고?"

꽃님이 엄마는 싱크대 안쪽 깊숙이 넣어 둔 스테인리스 주전자를 꺼내 들었습니다. 요즘은 정수기 물을 먹기 때문에 보리차 끓일 일이 거의 없어서 주전자를 사용한 게 언제인지 기억도 나지 않았습니다. 먼지 낀 주전자를 깨끗이 씻어 물로 헹군 다음, 엄마는 뒷베란다로 향하는 쪽문을 열었습니다. 선반 위에 놓아둔 플라스틱 통 속에 지난여름에 수확한 콩이 차곡차곡 담겨 있습니다.

꽃님이가 콩 두어 줌을 집어 주전자 안에 집어넣자 엄마가 물을 부었습니다.

"꽃님아, 이 콩나물 주전자에 물 주는 건 네가 맡아 볼래?"

꽃님이 엄마가 주전자 뚜껑을 덮으면서 말했습니다.

"네, 좋아요! 콩나물 농사는 내가 지을 거야. 엄마는 미나리 농사지어요."

꽃님이가 흔쾌히 대답했습니다.

콩나물이 자라는 속도는 참으로 놀라웠습니다. 하루에 두세 번 콩이 잠기도록 물을 듬뿍 주었다가 주전자 주둥이로 물을 따라 주었을 뿐인

겨울은 기다림

데, 며칠 뒤 콩나물이 주전자 뚜껑 위로 수북이 올라왔습니다.

주말 아침, 꽃님이 아빠가 손을 씻으러 가다가 창턱에 놓인 컵 미나리와 개수대 옆에 놓인 콩나물 주전자를 발견했습니다. 아빠가 갑자기 환호성을 지르며 말했습니다.

"와! 겨울에도 집에서 농사를 짓다니, 멋진데? 오늘은 내가 콩나물이랑 미나리를 넣고 시원하게 매운탕 좀 끓여 볼까?"

 ## 어린이 농부를 위한 텃밭 이야기

⊙ 지엠오 작물은 위험해!

'지엠오(GMO, Genetically Modified Organism) 작물'이란 '유전자를 변형한 농작물'을 이르는 말이야. 필요한 유전자를 분리하여 어떤 작물의 유전자에 인위적으로 집어넣은 거지. 특정한 영양 성분을 강화하거나 제초제, 병해충, 또는 가뭄 등에 강한 특성을 갖도록 유전자를 변형해 새로운 작물을 만드는 거야.

사람 마음대로 식물의 유전자를 변형해서 영양도 많고, 병충해에 강한 작물을 키우면 참 좋겠다 싶지? 그런데 지엠오 작물의 폐해를 보여주는 비극이 있어. 지난 20여 년간 지엠오 콩을 재배해 온 아르헨티나 차코 지역 사람들의 이야기를 한번 들어 봐.

아르헨티나는 지엠오 콩을 세계적으로 많이 생산하고 수출하는 나라야. 그중에서도 차코 지역은 1990년대 중반부터 지엠오 콩을 심기 시작했어. 척박한 땅에 지엠오 품종 콩을 심자, 초기에는 콩 생산량이 급속히 늘어났어. 그런데 이상하게도, 지엠오 콩을 심은 땅에 잡초와 곤충이 갈수록 많이 생기더래. 제초제와 살충제에 내성이 생긴 슈퍼 잡초, 슈퍼 곤충이었지! 차코 지역 농부들은 잡초와 곤충을 죽이려고 더 센 농약을 더 많이 뿌려 댔지.

10여 년 후, 차코 지역에서는 이상하게도 아프거나 장애를 지닌 채 태어나는 아기들이 많아졌어. 어떤 청소년은 빈혈 증세를 호소하다 돌연히 죽기도 하고, 각종 암으로 사망하는 주민도 속출했대. 지엠오 콩과 농약 때문에 차코 사람들이 끔찍한 비극을 맞은 거야.

유전자 조작을 통해 이식된 단백질은 비정상적인 것이라서 사람의 몸속에 들어오면 알레르기와 독성을 일으키고, 면역 체계를 흔들어서 건강에 문제를 일으킨다고 과학자들은 말하고 있어. 또한 세계 곳곳에서는 환경 단체를 중심으로 지엠오 작물의 위험성을 지적하고, 반대하는 노력이 계속되고 있어. 우리도 지엠오 작물로 만든 먹거리를 멀리하고 조심해야 해.

그런데 이미 우리 밥상은 지엠오 작물로부터 자유롭지 않단다. 특히 우리가 사 먹는 과자, 식용유, 된장, 간장, 고추장 등의 재료로 지엠오 옥수수와 콩이 많이 사용되고 있어. 지엠오 식품인지 아닌지를 알려주는 '지엠오 완전 표시제'를 시행하지 않아서 어떤 식품에 얼마만큼 지엠오 작물을 사용했는지 정확히 알 수도 없는 형편이야. 우리의 건강을 위해서라도 하루빨리 지엠오 완전 표시제를 실시하는 게 좋겠어.

4. 대왕 코딱지 밭에서

2월 5일, 조각구름이 뜬 맑은 날씨, 영하 5도~영상 4도

겨울 방학 중에 설날이 찾아왔습니다.

꽃님이네는 할아버지가 사는 남해를 향해 출발했습니다. 고속도로는 길이 막혔다 풀렸다를 반복했습니다. 아빠와 엄마가 자동차를 번갈아 운전하며 무려 아홉 시간이나 지난 다음에 할아버지 댁에 도착했습니다. 꽃님이는 자동차 뒷좌석에서 스르르 잠이 들고 말았습니다. 어찌나 곤히 잤는지 언제 어떻게 할아버지 댁에 들어갔는지 기억도 나지 않았습니다.

설날 아침에 부스스한 얼굴로 일어나 보니, 엄마가 미리 집에서 준비해 온 부침개며 나물, 생선구이 같은 명절 음식이 차려져 있고, 아빠가 끓인 떡국이 상 위에 놓여 있었습니다. 할머니는 몇 해 전에 병으로 돌아가셔서 할아버지 혼자 시골집에서 살고 있는데, 할아버지 얼굴에도 오랜만에 활기가 넘쳤습니다.

떡국을 먹고 난 후 꽃님이네 세 식구가 나란히 서서 할아버지에게 세배를 올렸습니다. 할아버지가 꽃님이에게 물었습니다.

"우리 꽃님이는 커서 뭐가 되고 싶노?"

꽃님이가 고개를 갸우뚱하며 잠시 생각한 후 대답했습니다.

"음, 잘 모르겠어요. 그때그때 달라서요. 음악을 들을 땐 가수나 댄서가 되고 싶고, 만화를 보면 웹툰 작가가 되고 싶어요. 아! 농사지을 때는 농부도 되고 싶고요. 히힛."

옆에 나란히 앉은 아빠와 엄마가 깜짝 놀란 얼굴로 꽃님이를 쳐다보았습니다. 할아버지가 껄껄 웃으며 말했습니다.

"다른 건 잘 모르겠고, 이 할애비처럼 농사도 짓고 싶다고? 오늘 할애비랑 마을 뒤쪽 언덕 밭에 함 가 볼래?"

할아버지가 꽃님이의 머리를 쓰다듬으며 말했습니다.

엄마 아빠가 아침 설거지를 하고 시골집 여기저기를 청소하는 동안 꽃님이는 할아버지 손을 잡고 시골 마을 길을 걸었습니다. 조붓한 골목을 지나 언덕으로 올라서자 빨갛고 파란 지붕이 모여 있는 동네와 저 멀리 남해 바다가 한눈에 들어왔습니다. 잔잔한 바닷물에 햇빛이 비치자 눈부신 은색으로 반짝거렸습니다.

꽃님이는 할아버지 뒤를 따라 마을 뒤쪽에 자리한 언덕 밭에 들어섰습니다. 언덕 밭에는 잎을 옆으로 활짝 벌린 배추가 군데군데 자리를 잡고 있었습니다. 김장배추와 달리 납작하게 땅에 엎드려서 자라는 것처럼 보였습니다.

"우리 밭은 아직 뿔시금치도 안 나고, 초록색 풀도 다 없어졌는데, 할

아버지 밭에서는 아직도 키 작은 배추가 자라다니 신기해요!"

꽃님이가 할아버지에게 말했습니다.

"껄껄, 이건 봄동이다. 겨울부터 초봄까지 나는 배추란다."

할아버지가 대꾸했습니다.

꽃님이가 밭을 살펴보니 며칠 전에 내린 눈이 아직 남아 있는데도 봄동이 푸릇푸릇 싱싱해 보였습니다.

"와, 눈이 와도 봄동이 살아 있네요?"

꽃님이가 깜짝 놀란 표정으로 말했습니다.

"이 밭에서 고구마를 수확하고 나서 늦가을에 씨를 뿌려 뒀다. 봄동은 추운 겨울에 눈보라가 쳐도 죽지 않고 살아나는 강인한 녀석이야. 추우면 얼었다가 낮에 해가 비치면 다시 녹기를 반복하면서 조금씩 조금씩 자라지."

할아버지가 봄동 하나를 쑥 뽑아서 툭툭 눈을 털어 내며 말했습니다. 그러고는 봄동 안쪽에서 푸릇하고 두툼한 잎을 끊어서 꽃님이에게 내밀었습니다.

"겨울을 이긴 봄동 맛 좀 봐라."

꽃님이가 봄동 잎을 받아서 입안에 넣고 오물오물 씹었습니다.

"할아버지, 보통 배추보다 훨씬 달고 아삭아삭해요. 그런데 봄동으로 뭘 해 먹어요?"

"음, 부침개도 하고, 쌈으로 먹고, 겉절이도 하고, 또……."

"봄동으로 부침개도 해요? 와, 맛있겠다! 우리 더 많이 뽑아 가요!"

꽃님이는 할아버지와 함께 차가운 겨울 밭에서 큼직한 봄동만 골라

겨울은 기다림 ·· **167**

서 쑥 뽑아낸 후 바구니에 하나씩 담기 시작했습니다. 할아버지 밭은 꽃님이네 밭보다 훨씬 컸습니다. 코딱지 밭은 꽃님이 걸음으로 열 걸음만 걸어도 끝이 나오는데, 할아버지 언덕 밭은 크게 서른 걸음을 걸어야 끄트머리에 닿았습니다. 게다가 길쭉한 이랑도 다섯 개나 줄줄이 있었습니다.

"와, 할아버지 밭은 대왕 코딱지 밭이야! 꽃님이네 코딱지 밭보다 훨씬 커요!"

꽃님이의 탄성을 들은 할아버지가 껄껄 웃으며 말했습니다.

"뭐? 대왕 코딱지? 허허허, 꽃님이랑 농사지으면 참말 재미있겠어! 나중에 크면 이 할애비 땅에서 같이 농사짓자?"

할아버지의 말에 꽃님이는 고개를 끄덕이며 대꾸했습니다.

"네, 좋아요. 할아버지, 이제 봄동 부침개 먹으러 가요!"

 **어린이 농부를 위한 텃밭 이야기**

◉ **겨울을 이겨 내는 채소들**

겨울이 오면 우리나라 중부 지방에서는 밭에서 채소를 키우기가 힘들어. 낮은 기온 때문에 싹도 나지 않고, 싹이 나더라도 채소가 얼어붙어 죽어 버리지. 하지만 남부 지방에서는 겨울에도 밭에서 채소를 기를 수 있단다. 특별히 추위에 강한 채소를 심으면 되거든. 영하 4~6도까지도 추위를 거뜬히 견뎌 내는 내한성 채소는 보통 늦가을에 심어 겨울이나 초봄에 수확해. 봄동, 시금치, 달래, 파, 냉이, 갓, 고들빼기 등이 바로 내한성 채소야. 그중에서도 우리 식탁에서 자주 만나는 겨울 채소를 알아볼까?

♠ **봄동**: 김장용 배추 씨앗을 가을걷이가 끝난 후 10월이나 11월 초쯤에 뿌려 두면 겨울과 봄에 봄동으로 자란단다. 봄동 배추는 배츳속을 끈으로 묶지 않아서, 잎이 하나하나 추위를 견디며 자라기 때문에 식감이 일반 배추보다 훨씬 단단하고 단맛도 강해.

♠ **시금치**: 겨울에 더 맛있어지는 시금치는 대표적인 내한성 채소야. 날씨가 따뜻한 봄여름에 심는 씨앗과 날씨가 서늘한 가을 겨울에 심는 씨앗은 따로 있지. 특히 섬이나 해안가에서 바닷바람을 받고 자란 시금치는 '섬초'라 불리는데, 잎이 두껍고 단맛이 나.

♠ **대파**: 대파는 마늘과 함께 거의 모든 요리에 들어가는 만능 채소야. 가

겨울은 기다림 ·· **169**

느다란 파 모종이 두툼한 대파로 자라기까지는 오랜 시간이 걸린단다. 보통 5월 중순에 씨앗이나 모종을 심어 기르면 12월 중순부터 3월까지 수확할 수 있어. 집에서는 뿌리째 파는 대파를 구해 화분에 심어 두고 윗부분을 조금씩 잘라 먹을 수도 있단다. 대파는 윗부분을 잘라 내도 이내 다시 새순을 밀어 올리거든.

봄동 시금치 대파

추운 겨울에도 채소들이 살아가기 위해 이렇게 날마다 애쓰고 있구나!

다시 봄

 어느새 긴 겨울이 지나고 3월이 되었습니다. 꽃님이는 새 학년으로 올라가는 첫날이라 괜히 기분이 들떴습니다. 꽃님이네 식구들은 찹쌀가루를 푼 호박죽에다 김장 김치를 곁들여 아침을 먹었습니다. 호로록 호박죽을 한 숟갈 떠먹은 꽃님이가 엄마 아빠를 향해 말했습니다.
 "와, 정말 맛있어. 달콤하고 부드러워."
 꽃님이 아빠도 숟가락과 젓가락을 번갈아 움직이며 말했습니다.
 "내 생애 가장 맛있는 김장 김치야. 호박죽이랑 딱 어울려."
 꽃님이 엄마도 슬며시 웃으며 말했습니다.
 "호호, 우리가 땀 흘려 농사지어 만든 거라서 더 맛있나? 사 먹는 배추와는 비교할 수 없게 식감이 좋은 것 같아."
 식사를 마친 후, 꽃님이는 거울 앞에서 옷매무새를 가다듬었습니다. 오늘따라 괜히 마음이 설레서 아침 일찍 일어났기 때문에, 학교 갈 준비를 다 했는데도 시간이 남아돌았습니다. 꽃님이는 갑자기 무슨 생각이 난 듯 거실 한쪽 벽으로 다가갔습니다. 그러고는 키를 재는 종이 자를 붙인 벽 앞에 서서 큰 소리로 엄마와 아빠를 불렀습니다.

"엄마! 아빠! 나 얼마나 자랐어요?"

하얀 와이셔츠 차림에 주홍빛 넥타이를 매고 나서 휴대 전화와 지갑 따위를 부산하게 챙기던 아빠가 다가와 꽃님이 키를 확인했습니다.

"어디 보자, 우리 따님. 와! 지난번 쟀을 때보다 3센티미터는 더 자란 것 같은데?"

아빠 말에 식탁을 치우던 엄마도 가까이 왔습니다.

"작년에 몸에 좋은 채소 많이 먹어서 부쩍 컸나 봐."

엄마 말에 꽃님이는 어깨를 으쓱하고는 아빠에게 물었습니다.

"아빠, 채소가 영어로 뭔 줄 알아요?"

아빠가 눈살을 살짝 찌푸리며 대답했습니다.

"그야, 베지터블(vegetable)이지."

꽃님이가 냉큼 말을 받았습니다.

"베지터블은 원래 '생명을 주다'라는 뜻이래요. 그건 몰랐죠?"

아빠가 깜짝 놀라 눈을 둥그렇게 떴습니다.

"야아, 우리 꽃님이, 언제 이렇게 많이 크고 공부도 많이 한 거지?"

꽃님이는 엄마를 향해 한쪽 눈을 찡긋했습니다. 사실 어제 번역을 하던 엄마 옆에서 방학 숙제를 마무리하다가 엄마가 혼잣말로 한 소리를 기억해 둔 거랍니다.

"내가 방학 동안 놀기만 한 건 아니에요. 히히히."

꽃님이가 활짝 웃으면서 가방을 멨습니다.

아빠와 꽃님이는 나란히 현관문을 나섰습니다.

"엄마, 학교 다녀오겠습니다. 아 참, 엄마, 올해도 코딱지 밭 계속할 거죠?"

꽃님이가 엄마에게 고개를 꾸벅 숙이며 말했습니다.

"그럼, 당연하지. 내가 말 안 했나? 올해 주말농장은 진즉 예약해 두었어. 훈이네가 지난달부터 재촉해서 말이야. 올해 농사는 훈이네랑 나란히 지을 것 같아."

꽃님이 엄마가 웃으며 대꾸했습니다.

"아, 듣던 중 반가운 소리네? 같이 하면 더 좋지!"

꽃님이 아빠가 현관을 나와 엘리베이터 단추를 누르면서 말했습니다. 꽃님이가 엘리베이터에 올라타면서 히죽 웃었습니다.

"히히, 신난다! 농부 친구가 생겼어!"

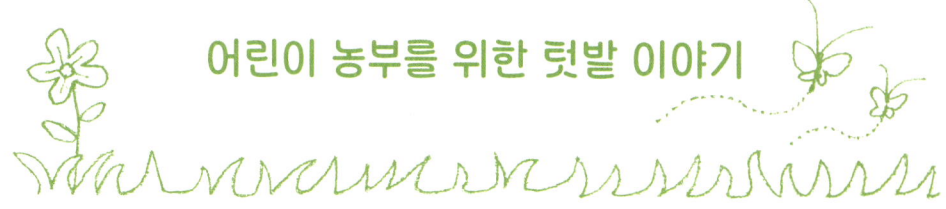

어린이 농부를 위한 텃밭 이야기

◉ 탄소 중립 텃밭 가꾸기

요즘 기후의 변화를 지켜보면 너나없이 걱정이 들 거야. 지구의 평균 온도가 올라가는 기후 온난화 때문에 세계 곳곳의 날씨 변화가 이전과는 많이 달라졌어. 홍수와 가뭄이 잦아지고, 더위와 추위도 심해져서 사람들이 살기 힘들다고 아우성이야. 이러한 기후 위기를 불러온 원인은 지나치게 많은 이산화탄소 배출 때문이라고 해. 그래서 세계 여러 나라에서는 탄소를 적게 나오게 하려고 노력하고 있어. 다시 말해 사람들이 배출하는 탄소가 순환을 통해 지구상의 땅에 다 흡수되는 '탄소 중립'을 목표로 삼고 힘을 모으고 있어.

땅은 한마디로 거대한 탄소 저장고야. 흙 속에 사는 미생물과 유기물이 탄소를 꼭 붙들고 있거든. 또 땅에서 자란 초록빛 나무와 풀은 광합성 작용을 통해 이산화탄소를 양분으로 바꾸어 주잖아.

그런데 농사를 짓는 방법에 따라 탄소를 더 많이 배출할 수도 있고, 적게 배출할 수도 있단다.

20세기 이후 인류는 대규모 땅에 한 가지의 작물을 심고, 화학 비료와 농약을 뿌려 생산량을 많이 늘리는 방식으로 농사를 지었어. 하지만 이런 농사법은 이산화탄소의 배출을 오히려 늘리는 결과를 가져왔어.

그러면 어떻게 농사를 지어야 할까?

자연의 순리를 따르는 친환경 농법이 탄소 배출을 줄이는 데 도움이 된단다. 첫째, 땅을 갈아엎는 일을 줄여야 해. 땅을 갈아엎으면 땅속에 저장된 탄소가 밖으로 배출되거든. 둘째, 가축의 분뇨와 식물 찌꺼기로 만든 퇴비를 사용하는 것이 좋아. 가축의 방귀와 똥은 탄소 배출의 주범이기도 하잖아? 가축의 똥을 이용해 퇴비를 만들어 사용하면 탄소 배출을 줄여 주는 효과가 있어. 셋째, 화석 연료를 이용해서 만든 비닐, 플라스틱의 사용을 줄여야 해. 석유, 석탄과 같은 화석 연료의 사용량이 늘면서 탄소 배출량도 늘어났으니 화석 연료의 사용을 줄여 나가야지.

이렇듯 '탄소 중립'이라는 인류의 숙제를 풀기 위해서도 친환경 농법이 얼마나 중요한지 알겠지?

김지선

고려대학교에서 철학과 미술을 공부했고, 어린이 책 편집자로 일하고 있습니다.
창작 모임 '작은 새' 동인으로, 어린이 논픽션《꽃 아주머니와 비밀의 방》
《여름이 엄마의 生生 중국 리포트》를 썼습니다. 《한눈에 쏙 들어오는 서양 미술사》
《별이 빛나는 밤》《엄마의 생일》등을 우리말로 옮겼습니다.

장경혜

성신여자대학교에서 국어 국문학을 공부하고, 한겨레 일러스트레이션 학교에서
그림을 공부했습니다.《달콤, 매콤》《모자 달린 노란 비옷》《그 사람을 본 적이 있나요?》
《욕 시험》등 다양한 어린이 책에 그림을 그렸습니다.

꽃님이네가 함께 읽은 친환경 농사 책
《사람이 주인이라고 누가 그래요》이영문 지음, 한문화
《신비한 밭에 서서》가와구치 요시카즈 지음, 최성현 옮김, 들녘
《기적의 채소》송광일 지음, 청림라이프
《사과가 가르쳐 준 것》기무라 아키노리 지음, 최성현 옮김, 김영사